Basics MBA English

Global 경영·금융·증권·회계·외환·무역·마케팅 용어집

머리글 Preface

「MBA English - *Basics*」(Global 경영·금융·증권·회계·외환·무역·마케팅 용어집)은 다음 분들을 위해 편집되었다.

■ 인문대, 사회과학대, 이공대등 비(非)상경대 출신으로 미국 Business School 유학 준비 중인 분들

■ 글로벌 기업 직원 및 글로벌 비즈니스 종사자

학교 수업, 토론, 세미나, 컨설팅에서 영어로 말하고 듣는 것은 쉬운 일이 아니다. 이는 특정 상황에 관련된 전문 용어에 대한 이해가 부족하거나, 그 의미를 알더라도 영어로 표현하는데 어려움을 겪는 것에서 비롯된다.

예를 들어, depreciation 이라는 용어가 회계에서 「감가상각」이라는 의미가 있다는 것을 모르고, 경제적인 「평가절하」의 의미만 알고 있다면, 회계 관련 토론/컨설팅을 진행할 때 depreciation 이라는 단어가 나오면 흐름이 끊기게 되는 것이다.

일상적인 예를 들면, 미국 현지에서 음식에 대한 설명을 듣고 주문하는 것이 어려울 때가 있다. 이 역시 대부분 재료, 조리 방식 등의 영어 용어를 모르기 때문이다. 즉, 영어 실력의 문제가 아닌 특정 분야에 대한 익숙함이 중요한 것이다.

「MBA English - *Basics*」(Global 경영·금융·증권·회계·외환·무역·마케팅 용어집)은 이러한 관점에서, 기업과 실전 비즈니스에서 빈번하게 사용되는 기초 용어들을 영문/국문으로 편집한 바, Business 분야 중에서 어느 분야를 공부하든 기초 용어를 충분히 이해한다면, 미국에서의 영어 수업 수강과 Global BIZ에 상당히 도움이 된다. 영어 문장 자체로 이해 노력하고, 가급적이면 영어 문장 그대로 암기하는 것이 비즈니스 용어 숙지에 short-cut 이 될 것이다.

본 서적은 다음의 경우 큰 도움이 될 것으로 생각한다.

■ 미국에서 Business 분야 MA 학위 또는 MBA를 취득하고자 미국 유학을 계획하는 분들.
　☞ 특히, Business 관련 용어가 생소한 학부 출신으로서 미국에서 Business 관련 분야를 공부하고자 하는 분들에게 큰 도움.

■ Global 기업 직원 및 Global Business 종사자들
　☞ 회사 업무는 분야가 다양하여, 그 분야 전공자가 아니면, 전문 용어가 생소한 경우가 빈번한 바, 회사 업무와 관련된 내용은 전문 용어에 대한 이해만 있어도 업무 처리 및 글로벌 비즈니스 성사에 큰 도움.

그리고, 미국의 대표적인 교육도시인 Boston 에서의 집구하기 및 생활에 대해 간단히 소개한 바, 도움이 되기를 바라며, 사교 활동 및 BIZ에 관련된 각종 술 (Beer, Whisky, Brandy, Cognac, Wine, 중국의 명주)에 대한 기본적인 내용도 소개한 바, 사회생활 및 BIZ에 도움이 될 것으로 생각한다.

현실적인 BIZ는 학문에 대한 지식이 없어도 가능하다. 왜냐하면 학문과 현실적인 BIZ는 표현 방법의 차이가 있을 뿐이지 의사 표현의 바닥에 깔린 목적은 동일하기 때문이다. 예를 들어, 마케팅에서 「Value proposition」은 일반적인 상담에서는 「Why me? Why our products? Why our company as your business partner?」 등의 문장으로 원하는 의사 표현이 확실하며, 실제 비즈니스에서는 이렇게 사용된다.

끝으로 「MBA English - *Basics*」(Global 경영·금융·증권·회계·외환·무역·마케팅 용어집)을 출간하여 주신 한올출판사 임순재 사장님과 바쁜 일정에도 불구하고 본 서적 출간을 위해 수고하신 최혜숙 편집장님께 깊은 감사의 말씀을 드리며, 원고 정리에 도움을 준 미국 Boston의 Business School 유학생에게도 감사드린다.

2020년 5월

고매동에서
편저자 **장 시 혁**

Contents

Chapter I
Finance

MBA English - *Basics*
Global 경영·금융·증권·회계·외환·무역·마케팅 용어집

01
Financing(자금조달)과 Interest Rate(금리)

Direct Financing vs. Indirect Financing

Direct finance is a method of financing where borrowers borrow funds directly from the financial market without using a third party service, such as a financial intermediary.

Indirect finance is where borrowers borrow funds from the financial market through indirect means, such as through a financial intermediary.

기업의 자금조달(corporate financing) 방식에는 직접금융(direct financing)과 간접금융(indirect financing) 과 있다.

■ direct financing(직접금융)*은 기업이 금융기관을 통하지 않고 투자자로부터 직접 자금을 차입하는 것이다. 투자자에게 직접 자금을 차입하려면 차입한 자금을 상환(redemption) 하겠다는 약속 증서를 발행하여야 하는 바, 바로 이 증서가 채권(bond), 즉 회사채 (corporate bond) 인 것이다.

> * 기업이 금융기관을 통하지 않고 투자자에게 직접 자금을 차입하는 것이지만, 금융기관에 회사채 발행 업무를 맡기고 그에 대한 대가를 금융기관에게 지불하는 것이 일반적인 직접금융 방식이다.

■ indirect financing(간접금융)은 기업이 금융기관으로부터 자금을 차입하는 것인 바, 금융기관과 기업 둘 사이에 거래가 이루어지며, 따라서 이러한 차입금은 유통시장이 형성되지 않는다.

Interest(이자), Interest rate(이자율)

돈을 차입할 때 부담하는 대여료가 금리(=이자율)이다. Interest는 수요 공급의 법칙에 의해 결정된다.

- 돈에 대한 수요가 많으면 금리가 상승하며
- 돈에 대한 수요가 적으면 금리가 하락한다.

따라서, 기업은 financing(자금조달) 계획을 잘 수립하여 저금리에 financing 하면 financing cost(금융비용, 자금조달비용)을 절감할 수 있는 것이다. 일반적으로, 자금부(Department of Finance)에서 자금 조달을 담당한다.

| 금리의 종류 |

구 분	내 용
기준금리 (= 시중금리, basic rate)	중앙은행에서 결정하는 금리
콜금리 (= 표준금리, call rate)	콜 금리는 금융기관 사이의 단기자금 과부족을 조정해주는 콜 시장에서 형성되는 금리를 말한다. 빌려주는 것을 call loan, 빌리는 것을 call money 라고 한다.
예금금리 (= 수신금리, deposit rate)	금융기관에 돈을 예치할 때 적용되는 금리 ➡ 은행 고객의 입장에서는 예금금리이고, 은행 입장에서는 수신 금리이다.
대출금리(= 여신금리, borrowing / loan rate)	금융기관에서 돈을 빌려 줄 때 적용되는 금리 ➡ 은행 고객의 입장에서는 대출금리이고, 은행 입장에서는 여신금리이다.

 스프레드(spread, 가산금리)

금융기관이 대출할 때, 대출자의 신용도에 따라 우대금리에 일정 금리를 더해서 대출한다. 이를 스프레드(spread*, 가산금리)라고 한다. Spread는 대출자의 신용도에 inversely proportional(반비례) 한다. 즉, 대출자의 신용도가 좋으면 spread는 작아지며, 신용도가 좋지 않으면 spread는 커진다.

* A spread has several meanings in finance. Basically, however, they all mean the difference between two prices, rates or yields.
  In trading of securities, the spread is the gap between the bid and the ask prices of a security or asset, like a stock, bond or commodity. This is called as 「bid-ask spread.」
  In lending, the spread can also refer to the price a borrower pays above a benchmark yield to get a loan. If the prime interest rate is 3%, for example and a borrower gets a mortgage charging a 5% rate, the spread is 2%.

Spread를 다르게 설명하면, 국제금융에서 기준이 되는 런던은행간 금리(LIBOR*)와 실제금리와의 차이를 말한다. 대출 당시의 LIBOR가 연 5.7%(annual interest rate of 5.7%)이며, 실제 지불금리가 연 6.7%라면 이 차이 1.0%를 spread 라고 한다.

* LIBOR는 London Inter-bank Offered Rate로 「런던 은행간 거래 금리」이다.

 ## 프라임 레이트(prime rate, 우대 금리)

은행등 금융기관들이 신용도가 가장 좋은 고객들에게 적용하는 최저 우대 금리로 금융기관 대출금리의 기준 금리가 된다.

 ## At the interest rate of 5%(5프로 이자로)

Interest rate 앞에 아무런 명기가 없으면, 연리를 의미하는 것이 보편적이나, 연리인지 월리인지 등을 확실히 할 필요가 있을 경우, 연리라면 at the annual interest rate of 5% 라고 확실히 명기할 필요가 있다.

 ## 국제간 금리 차이로 돈 장사

국제간의 금리 차이를 활용, 타국에서 저금리로 빌려와 자국에서 고금리로 대출하여 금리 차이로 수익을 확보하는 것이다. 예를 들어, 미국의 금리가 5%이고, 한국의 금리가 10%라면, 미국에서 돈을 차입하여 한국에서 돈을 대출해준다면 금리 차이 5%를 확보할 수 있다. 실제로 금융기관(financial institutes)은 이러한 돈 장사**를 하고 있다.

** 2018년말 현재, 한국 대부업의 상당 부분은 일본계 자금이다. 즉, 일본의 자금을 저렴하게 대출받아 한국에서 돈을 빌려주고 이자 차이를 확보하는 것이다.

 ## Yield Curve(수익률 곡선)

채권의 만기 수익률과 만기와의 관계를 나타내는 것이 수익률곡선(Yield Curve)이다. 수익률곡선은 일반적으로 우상향하는 모습을 보이나 우하향 또는 수평(flat)의 형태가 될 수도 있다.

수익률 곡선의 모양은 향후 경기전망을 어떻게 보는지를 시사한다. 이자율과 경기는 같은 방향으로 움직이기 때문에 수익률곡선이 우상향의 기울기를 보인다면 경기의 확장을 예상하고 있으며, 반대로 수익률곡선이 우하향한다면 경기의 위축을 예상한다는 것을 의미한다.

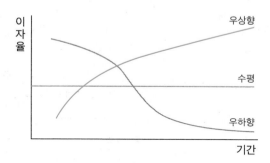

 ## Interest Coverage Ratio(ICR, 이자보상배율)

The interest coverage ratio is a debt and profitability ratio used to determine how easily a company can pay interest on its outstanding debt. The interest coverage ratio may be calculated by dividing EBIT of a company during a given period by the company's interest payments due within the same period.

- ICR = EBIT/interest payments = 영업이익/이자비용(금융비용)
  (EBIT: earning before interest and taxes)

기업이 부채에 대한 이자를 지급할 수 있는 능력이 어느 정도 되는지를 판단하기 위해 산출하며, 기업의 이자비용이 수익의 몇 % 인지를 나타내는 수치이다. 기업의 채무상환 능력을 보여주는 지표로 영업이익을 자금조달비용, 즉, 금융비용(이자비용)으로 나눈 것이며, 수치에 따른 의미는 다음과 같다.

| 이자 보상 비율 |

interest coverage ratio	의 미
= 1	영업이익과 이자비용이 같음
> 1	영업이익이 금융비용을 지불하고 남음
< 1	영업이익이 금융비용보다 작음

영업이익이 금융비용보다 작다면, 벌어들이는 돈으로 이자를 지급할 자금이 충분하지 않아, 이자를 상환하기 위해 다시 대출을 일으켜야 하는 바, 부채가 계속 증가하는 잠재적 부실 기업으로 전락한다.

Complex Interest (복리 ➡ asset management의 기본)

원금 1억원을 연리 simple rate (단리)* 5%로 차용하였다. 일년 이자는 1억원 × 5% = 500,000원, 9년이면 이자가 450만원인 바, 원금 포함시 총 1억 450만원이다. 하지만, 이 계산에는 「이자에 대한 이자 (interest on interest)」 계산이 누락되어 있다.

> * simple rate (단리)는 일정한 시기에 원금에 대해서만 약정한 이율을 적용하여 이자를 계산하는 방법이다. 이때 발생하는 이자는 원금에 합산되지 않기 때문에 「이자에 대한 이자 (interest on interest)」가 발생하지 않는다.

원금 1억원을 complex interest (복리) 연리 5%로 차용하였다. 일년 이자는 1억원 × 5% = 500,000원, 9년이면 1억원 × $(1+0.05)^9$ 인 바 총액은 약 1,551만원이다. 원금 포함 시 총 1억 1,551만원이다. 단리 계산할 때와 차이가 크다. 금리의 기회비용은 항상 복리 계산으로 한다.

Junk Bond

Junk bonds are bonds that carry a higher risk of default than most bonds issued by corporations and governments. A bond is a debt or promises to pay investors interest payments and the return of invested principal in exchange for buying the bond. Junk bonds represent bonds issued by companies that are struggling financially and have a high risk of defaulting or not paying their interest payments or repaying the principal to investors.

일반적으로 기업의 신용등급이 아주 낮아, 회사채 (corporate bond) 발행이 어려운 기업이 발행하는 회사채인 바, 원리금 상환에 대한 불이행 위험이 큰 만큼 이자가 높다.

신용등급이 낮은 기업이 발행하는 「high risk, high yield bond (고위험 고수익 채권)」를 의미한다. 정크 (junk)란 「쓰레기」를 뜻하는 말로 직역하면 「쓰레기 같은 채권」이다. 일반적으로 기업의 신용등급이 아주 낮아 회사채 발행이 불가능한 기업이 발행하는 회사채로 「고수익채권 또는 열등채」라고도 한다. 신용등급 기준으로 S&P의 경우 BBB 이하, Moody's

의 경우 Baa 이하의 채권을 junk bond*라고 한다.

> * 여기에 관련된 영어 표현들을 몇 가지 예를 들면, High risk, high return. 고위험, 고수익.
> Profit is proportional to the risk. 이익은 위험에 비례. No guts, no glory. 용기없이 영광없다.

■ My word is my bond.

미국 investment bank(투자은행: 한국의 증권회사) 직원들이 가끔 사용하는 말로 「One will always do what one has promised to do. 한다고 한 것은 항상 한다.」는 의미이다. 물론, bond가 junk bond라면 공수표가 될 것이다.

> * Please rest assured of the quality and delivery. My word is my bond.
> 품질과 납기는 안심하세요. 내가 말하는 것은 틀림없습니다.

Zero-coupon Bond (제로쿠폰본드, 무이자 할인채)

Zero coupon bond(called as Pure Discount Bond or Accrual Bond) refers to those bonds which are issued at a discount to its par value and makes no periodic interest payment unlike a normal coupon bearing bond.

채권에 대한 이자를 별도로 지불하는 것이 아니라, 채권금액을 정하고, 그 금액에서 얼마를 할인한 금액으로 판매하는 채권. 즉, 예를 들어, 액면가 1억 채권을 9천만원에 판매하는 행위, 결국은 1천만원이 9천만원에 대한 이자인 것이다.

➡ 발행자의 입장에서 제로쿠폰본드는 이자를 지급하지 않으니, 채권의 만기 관리만 하면 되는 바, 이자 지급에 대한 관리가 필요하지 않아, 신경 쓸 일이 줄게 되고 red tape*이 없어 편리하다.

> * red tape은 규칙이 너무 세세하고 번잡하여 비능률적인 현상을 말한다. 서양에서 방대한 양의 공문을 묶어 저장할 때 붉은 띠를 사용한데서 유래했다.
> • red tape: unnecessary bureaucratic routine; needless but official delays.
> ☞ If you want to proceed things quickly, you are required to locate the key person in power who can cut the red tape.

02
NPV(순현재가치)와 Discount Rate(할인율)

어떤 사업 투자 여부를 결정할 때, 가장 효율적으로 사용되는 재무지표 중의 하나가 NPV
와 Discount Rate 이다.

 NPV(net present value, 순현재가치, 순현가)

Net present value (NPV) is the difference between the present value of cash inflows
and the present value of cash outflows over a period of time. NPV is used in capital
budgeting and investment planning to analyze the profitability of a projected
investment or project.

미래 소득의 현재 가치를 의미한다. 즉, 미래 소득의 현재가치는 얼마인지를 계산하는 것이
다. NPV(net present value)는 「순현재가치」 또는 줄여서 「순현가」 라고 하며, 계산 방법은
「NPV = 미래의 수익을 오늘의 가치로 환산한 금액 - 미래의 비용을 오늘의 가치로 환산한
금액」 인 바, 단순 계산으로는

NPV	의 미
> 0	수익이 비용보다 크며, 투자가치가 있다.
< 0	수익이 비용보다 작으며, 투자가치가 없다.

 Discount Rate(할인율)

The rate at which a future cash flow is discounted to determine its present value.

미래시점의 일정 금액과 동일한 가치를 갖는 현재시점의 금액, 즉, 현재가치 산출에 적용하
는 비율을 말한다. 사업에 투자되는 비용과 그 결과로 얻게 되는 수익을 현재 가치로 나타

내려면 「비용과 수익과의 사이에 시간차이로 인한 이자, 화폐가치의 변동, 물가추이 등을 고려」하여야 한다. 이러한 사유로 사업시행의 결정시점에서 사업으로부터 미래에 발생되는 가치를 평가하는 기준이 필요하다. 이 기준이 곧 discount rate(할인율)이다.

- $P_o = P_n / (1+r)^n$

  Po: Pn의 현재 가치

  Pn: n년후 시점의 현금

  r: 할인율

「현재가치는 할인율과 inversely proportional(반비례 관계)」이기 때문에 할인율이 높아질수록 현재가치는 감소하게 되며, 할인율이 낮아질수록 현재가치는 증가한다. 따라서, 채권은 매매시점의 현재가치로 채권가격이 결정되기 때문에 이자율이 하락하면 채권가격은 상승하며, 이자율이 상승하면 채권가격은 하락한다.

할인율은 현재가치를 추정함에 있어 매우 중요한 요소로 실무에서 투자, 공정가치 평가 등을 위해 널리 활용되는 개념이나 주관적인 판단에 어느 정도 영향을 받는다는 한계가 있다. 특히, 중앙은행이 시중은행으로부터 어음을 매입할 때 적용하는 할인율은 정부의 통화공급 정책 수단으로 이용되며, 「rediscount rate(재할인율)」 또는 「official discount rate(공정할인율)」이라고 한다.

 ## NPV(순 현재 가치) vs. Discount Rate(할인율)

할인율의 결정은 복리 계산에 의해 결정된다. 2019/1/1일 1억원을 연리 5% compound interest(복리)로 운용하는 경우, 다음과 같이 계산된다.

일 자	금 액
2020. 1. 1	1억원 x (1 + 5%) = 105,000,000원
2021. 1. 1	105,000,000 x (1 + 5%) = 110,250,000원
2022. 1. 1	110,250,000 x (1 + 5%) = 115,762,500원
2023. 1. 1	115,762,500 x (1 + 5%) = 121,550,625원
2024. 1. 1	121,550,620 x (1 + 5%) = 127,628,156원

간단히 식으로 표시하면, 1억원 × $(1 + 5\%)^5$ = 127,628,156 원

- 미래가치 = NPV (현재 가치: 1억원) × $(1 + \text{compound interest 복리 연 5\%})^n$
  즉, 1억원의 5년 후 미래 가치는 127,628,150원이 되는 것이며, 이 미래 가치의 현재가치는
  1억원인 것이다. 복리계산 (compounding)과 할인계산 (discounting)은 역의 관계이다.
  복리계산식을 변형하면 현재가치 (NPV)의 할인율 (discount rate)이 결정된다. 「할인을
  한다는 것은 미래가치를 현재가치로 환산 하는 것」을 의미한다.

- 미래가치 = 현재 가치 (NPV) × $(1 + \text{compound interest rate})^n$
  ➡ NPV (현재 가치) = 미래가치 $/ (1 + \text{compound interest rate})^n$

5년 후 미래 가치가 1억, 복리 연 5%, 복리 연 10% 일 때의 각각의 현재가치는 얼마인가?

compound rate	NPV(현재가치)
5%	1억원$/(1 + 0.05)^5$ = 1억원$/1.2762815625$ = 78,352,616원
10%	1억원$/(1 + 0.10)^5$ = 1억원$/1.61051$ = 62,092,132원

즉, 5년 후에 1억원을 받는다면 현재가치는
- 금리 5%일 경우는 78,352,616원이며,
- 금리 10%일 경우는 62,092,132원이 되는 것이다.

 ## NPV vs. 투자/사업 결정

사업을 하고 신규 투자를 할 때 NPV(현재가치)와 미래가치를 비교하는 것은 반드시 검토하
여야 되는 사안이나, 이것에만 전적으로 의존해 사업 추진 여부를 결정하지는 않는다. 왜냐
하면 금융기관에 돈을 예치하는 경우를 제외하고는 사업은 진행 과정에서 여러 변수가 있
기 때문에 NPV 하나로 사업 결정을 할 수는 없다. 사업의 추진 여부는 여러 가지 변수를
분석하고 「go or not」을 결정하는 것이다.

03
Fiscal Policy(재정정책)과 Monetary Policy(금융정책)

 ## Fiscal Policy(재정정책) vs Monetary Policy(금융 정책)

정부는 Fiscal Policy(재정정책)와 Monetary Policy(금융정책)로 국가 경제의 안정과 성장을 꾀한다.

 ## Fiscal Policy(재정정책)

Fiscal policy is the means by which a government adjusts its spending levels and tax rates to monitor and influence a nation's economy. It is the sister strategy to monetary policy through which a central bank influences a nation's money supply.

정부가 경기 관리를 위해 세입/세출을 조절하는 정책, 즉, 정부로 유입되는 세금과 정부에서 유출되는 세금을 조절하여 펼치는 정책이다.

■ **긴축 재정 정책** (Tight Fiscal Policy)
- Reduce inflationary pressure by reducing the growth of aggregate demand (AD*) in the economy.
- Improve government finances (reduce the budget deficit) by increasing tax revenue and reducing government spending.

  * AD(aggregate demand, 총수요): 총수요는 거시경제학에서 한 경제 내에서 주어진 기간과 가격 수준 하에 최종 재화와 서비스에 대한 수요의 총합계이다.

경기 과열 시 조세 증가, 정부 지출 감소를 통해 인플레이션을 억제하고 경기를 안정시키려는 정책이다.

■ **확장 재정 정책**(Expansionary Fiscal Policy)

The two major examples of expansionary fiscal policy are tax cuts and increased government spending. Both of these policies are intended to increase aggregate demand while contributing to deficits or drawing down of budget surpluses. They are typically employed during recessions or amid fears of one to spur a recovery or head off a recession.

경기 침체 시 조세 감소, 정부 지출 확대를 통해 실업률을 감소시켜 경기를 회복시키려는 정책이다.

Monetary Policy(금융 정책)

Monetary policy is the policy adopted by the monetary authority of a country that controls either the interest rate payable on very short-term borrowing or the money supply, often targeting inflation or the interest rate to ensure price stability and general trust in the currency.

각국의 monetary policy는 일반적으로 central bank(중앙은행)에 의해 결정되고 관리된다.

■ 미국은 FED(Federal Reserve System, 연방준비제도)에서 금융정책을 총괄한다.

■ 한국은 BOK(한국은행, Bank of Korea), 일본은 BOJ(Bank of Japan), 유럽은 ECB(European Central Bank)에서 금융정책을 결정, 관리한다.

FED(Federal Reserve System, 연방준비제도)

FED는 미국 특유의 중앙은행 제도로서 1913년에 성립된 연방준비법(Federal Reserve Act)에 의하여 시행된다.

미국 전역을 12개 연방준비구로 나누어 각 지구마다 연방준비은행을 두고, 이들 12개 준비 은행에 은행권 발행의 독점권, 가맹은행의 법정지급준비금의 집중 보관, 가맹은행에 대한 어음의 재할인, 공개시장조작 등의 역할을 담당하게 한다.

각 준비 은행은 워싱턴에 있는 연방준비제도이사회(FRB: Federal Reserve Board)에 의하여
운영/통괄되며, 이 이사회는 연방준비제도 전체의 중추기관으로서 국회와 직결된 국가기
관이며, 미국 재무성으로부터 독립되어 있다.

FED의 monetary policy(금융 정책)는 commodity price stability(물가 안정)과 money
supply control(통화 공급량 조절) 이다.

■ bank rate operation(금리 조절)

경기의 과열/침체를 막기 위해 적정 금리를 조절한다. 즉, 불경기에는 금리를 인하하여
(come down interest rate, lower interest rate) 금융완화(monetary easing)하며, 호경기에는
금리를 인상시켜(raise interest rate) 금융긴축(monetary tightening)하여 경기 과열을 방지
한다. 은행 금리가 아닌 FF rate(federal funds rate)가 적용된다.

■ open market operation(공개시장 조작)

금리와 유동성(liquidity) 조절을 목적으로 FED가 금융기관(financial institutes)으로부터
T-bond, T-note, T-bill 등을 매입/매도해 cash(현금) 공급량을 조절한다. FED가 금융
기관이 보유하고 있는 T-bond를 매입하면 시중에 cash(현금)이 풀려 유동성이 좋아지
며, cash가 많으면 금리가 내려가며, 이는 기업의 투자를 활성화시켜 경기 부양이 된다.
일반적인 이론적인 흐름은 다음과 같으나, 경기부양은 다른 변수들과 맞물려 있어 그리
간단하지 않다.

- FED에서 시중은행이 보유중인 국채 매입 ➡ 시중은행의 현금 증가 ➡
  시장의 유동성 원활 ➡ 금리 인하 ➡ 기업의 투자 활성화 ➡ 경기 부양
- FED에서 보유중인 국채를 시중은행에 매각 ➡ 시중은행에서 국채 매입 ➡
  시중은행의 현금 감소 ➡ 시장의 유동성 감소 ➡ 금리 인상 ➡ 기업의 투자 감소

■ reserve requirement(지급 준비)

시중은행은 예금의 인출에 대비하여 일정 액수의 현금을 각 은행 관할지역의 FED에 예
치 의무가 있으며, 이러한 reserve(준비금)을 Federal Fund(FF, 연방 자금) 라고 하며, 미
국내 은행간 거래되는 대표적인 단기 금리를 FFR(Federal Fund Rate, 연방 기금 금리)라고

한다. FFR은 FF의 금액을 조절함으로써 조절한다. 모든 경제 원칙은 수요와 공급에 의해 움직인다.

- FF 금리 상승 ➡ 시중 자금량 감소 ➡ 금리 상승
- FF 금리 인하 ➡ 시중 자금량 증가 ➡ 금리 인하

 ## 금리(interest rate)와 채권(bond) 가격

금리가 상승하면 채권 가격이 하락하고, 금리가 하락하면 채권가격이 상승한다.

채권이란 채무자에게 돈을 빌려주고, 일정 기간 동안 돈을 빌려주는 대가인 이자와 원금을 상환 받을 수 있음을 나타내는 증권(증서)이다.

Bond(채권)은 issuance(발행)시, maturity(만기일)이 정해져 있다. 만기일에 principal(원금)과 interest(이자)를 redemption(상환)하여야 한다. Bond 매입자의 risk는 bond issuer(채권발행자)의 default(채무불이행) 가능성 및 금리의 변동성(fluctuation)이다.

 예시보기

※ (주)The Inevitable의 corporate bond 발행

◎ 발행조건
- 회사채 금액: 1억원
- 발행일(issuance date): 2020/1/3
- 만기일(maturity): 2021/1/2
- 표면금리(coupon rate): annual interest rate 5%

◎ 발행조건 설명
이 회사채를 매입하면 만기일(2021/1/2)에 「원금 1억원 + 이자 5백만원 = 1억 5백만원」을 받는 구조로 설계되어 있다. 회사채 매수자의 위험은

- 이 회사가 만기일 이전에 파산하거나, 파산하지 않아도 자금 사정이 좋지 않아 만기일에 상환을 하지 않을 수도 있다.

- 연리 5%로 매입하였으나 추후 자금 시장 상황이 돌변하여 금리가 크게 상승한다면, 예를 들어 5%가 10%가 되거나 하면, 금리 손해가 발생하는 것이다. 즉, 10% 이자를 받을 수 있는 것을 매입시점에 대한 판단 미스로 금리 손해를 볼 수 있다. 물론 반대로 금리가 내려간다면 기회이익을 볼 수도 있다. 그래서 Bond 발행자나 매입자나 향후 금리에 촉각을 세우고 bond의 이자율을 결정하는 것이다.

➡ 금리는 자금의 수요와 공급에 의해 결정된다. 즉, 자금의 수요가 클 것으로 예상되면 금리는 상승하며, 자금의 수요가 작을 것으로 예상되면 금리는 하락한다.
➡ 자금의 수요가 작아진다는 것은 경기가 좋아지지 않는다는 것을 의미한다. 금리는 기간이 길수록 상승하는 것이 일반적이다. 하지만, 「장단기 금리의 역전 (Short and long term interest rate reversal)」 즉, 「장기 금리가 단기 금리보다 낮다.」 라는 말은 향후 경기가 악화된다는 것을 시사한다.

 ## 미국에서 유통되는 주요 채권의 종류

미국에서 issuance(발행), outstanding(유통)되는 bond(채권)은 발행자(issuer)에 따라 분류된다. 미국 재무부(Department of Treasury)가 발행하는 국채는 상환 기간에 따라,

- Treasury bill: 만기 1년 이내의 단기 채권
- Treasury notes: 10년 이내의 장기 채권
- Treasury bonds(T-bonds): 10년 이상의 장기 채권
- long bonds: 30년 채권

 ## Yield to Maturity(YTM, 채권의 만기 수익률)

Yield to maturity(YTM) is the total return anticipated on a bond if the bond is held until it matures. Yield to maturity is expressed as an annual rate. In other words, it is the internal rate of return(IRR) of an investment in a bond if the investor holds the bond until maturity, with all payments made as scheduled and reinvested at the same rate.

최종수익률이라고도 하며, 채권을 만기까지 보유할 경우 받게 되는 모든 수익이 투자원금에 대하여 1년당 어느 정도의 수익을 창출하는지 보여주는 것이 예상수익률이다. 이 profit(수익)을 1년당 금액으로 환산해 구입가격(principal, 원금)으로 나눈 것을 yield to maturity(만기수익율)이라고 하며, 이것에 의해 채권 투자 여부를 결정한다.

$$YTM = \sqrt[n]{\frac{Face\ value}{Present\ value}} - 1$$

- face value: bond's maturity value or par value (채권의 액면가)
- n = number of years to maturity (만기일까지의 기간)
- present value = the bond's price of today (채권의 현재가, current price)

채권의 유통 - 신용 평가

기업의 직접금융 방식인 채권은 발행 후 유통시장에서 매매가 이루어진다. 채권의 유통시장 형성은 채권 발행에 매우 중요하다. 예를 들어, 투자자가 A회사의 채권을 사두었다가, 갑자기 자금이 필요할 경우, 채권을 판매하여 현금화 할 수 있다면, 즉, 채권의 환금성이 좋아 유통시장이 잘 형성되어 있다면, 투자자는 채권 투자에 주저하지 않을 것이다.

➡ 따라서, 채권 발행자의 신용도가 중요하다. 미국의 주요 신용 평가 기관(rating agency)은 S&P, Moody's Investment, Fitch Rating이며, 각사 마다 신용 등급 표시방법이 상이하며, 신용이 좋은 순서대로 명기하면, 다음과 같다. A 이상이 투자 적격 등급이다.

신용평가 회사	신용등급 표시방법
S&P	AAA, AA, A, BBB, BB
Moody's	Aaa. Aa, A, Baa, Ba
Fitch Rating	AAA, AA, A, BBB, BB

Denomination (디노미네이션)

- 채권, 어음 등 유가증권이나 주화, 지폐 등 화폐의 액면가액(face value)을 의미하거나,

- 화폐를 가치 변동 없이 낮은 숫자로 표현하거나 이와 함께 새로운 통화단위로 화폐의 호칭을 변경시키는 것을 말한다. 예를 들어, 1000원을 1원으로, 1,000,000원을 1,000원으로 변경하는 것을 denomination 이라고 한다.

숫자 앞뒤 통화 / 단위 사용법
숫자 앞에 어떤 통화/단위가 올 때는 단위 뒤에 빈칸 없이 숫자를 붙여 쓰고, 숫자 뒤에 단위가 올 때는 숫자 뒤에 한 칸 띄우는 것이 일반적이다. 단, 숫자 다음에 %가 올 때는 숫자에 바로 붙여 쓴다.
예: US$200, 200 M/T, 70%

※ Related Terms

Term	Meaning
annuity	연금
appropriate discount rate	적정 할인율
asset management	자산 운용
banker's acceptance	은행 인수 어음
bond yield	채권수익율
bondholder	채권보유자
borrower	차용자 ⇔ 1ender 대출자
certificate of deposit(CD)	양도성 예금 증서
collection policy	회수정책
complex interest	복리(compound interest)
compounding	복리계산 continuous compounding: 연속복리계산
contribution margin	공헌 이익
correlation	상관관계
coupon bond	이표채※
coupon rate	표면 금리, 쿠폰레이트
credit analysis	신용분석
credit instrument	신용증권
credit period	신용기간
creditor	채권자 ↔ debtor, 채무자
debt rating	채권 등급 평가
debt ratio	부채 비율
depository receipt(DR)	예탁증권
discount rate	할인율
face value	액면가
finance: 재정, 금융 financial: 재정의, 금융의	• financial intermediary: 금융중개기관 • financial leverage: 재무 레버리지 • financial market: 금융시장 • financial policy: 금융정책 • financial requirements: 금융요구(사항) • financial risk: 재무위험
flat rate	균일 요금, 균일 이자율

※ 채권은 이자 지급방법에 따라 할인채, 복리채, 이표채로 분류한다. 액면가로 채권을 발행하고, 표면이율에 따라 연간 지급해야 하는 이자를 일정 기간 나누어 지급하는 채권을 쿠폰본드, 이표채라고 한다.

Term	Meaning
forward exchange rate	선물환율
high-yield bond	고수익 채권, 정크본드
inter-bank	은행간
interest on interest	이자에 대한 이자
interest subsidy	이자 지원
investment grade bond	투자등급채권
lender, moneylender	빌려주는 사람, 대출자, 대출 기관
lender's market	대출시장
money supply	통화공급량
national debt	국가부채
note	15년 만기 이내의 부담보채권(unsecured* debt)
original-issue-discount debt	할인발행채권
perpetuity	영구연금
premium	프리미엄, 액면가 이상의 할증금
principal	원금
promissory note	약속어음
rating agency	신용평가기구
real interest rate	실질금리
receivable turnover ratio	매출 채권 회전율**
simple interest	단순 이자율, 단리
sinking fund	감채기금***
sovereign credit rating	국가신용등급
sovereign debt	국가부채

* secure는 담보를 잡다, secured bond는 담보가 있는 채권, unsecured bond은 담보가 없는 채권을 의미한다.

** 기업의 활동성을 나타내는 지표 중 하나로, 기업이 외상으로 판매하고 장부에 매출채권으로 인식한 금액을 얼마나 빨리 현금으로 회수하고 있는지를 나타내며, 계산식은 다음과 같다.

$$\text{매출채권회전율} = \frac{\text{연간 매출액중 외상으로 판매한 금액}}{\text{연간 매출 채권 금액}}$$

*** 채권의 상환자원을 확보하기 위하여 적립하는 자금. 감채기금은 국·공채와 회사채가 있다. 국·공채 상환을 위해 경상수입 중에서 매년 일정액의 자금을 적립하고 관리 운용하여 상환 시에 큰 자금이 일시에 필요하지 않도록 기금을 설치하게 된다.

Chapter II
Securities

MBA English - *Basics*
Global 경영·금융·증권·회계·외환·무역·마케팅 용어집

01
미국의 증권시장 및 주요 경제지표

 SEC (Securities and Exchange Commission, 증권위원회)

SEC는 미국 증권시장에서 발행/유통되는 증권의 거래를 감시 감독하는 정부 직속 기관으로 미국증권거래위원회라고 한다. SEC가 처음 세워진 것은 1929년 미국 증시 대폭락을 겪은 후인 1934년이다.

SEC의 주요 기능은 시세 조종, 허위 사실 유포, 작전, 불법 공매도 등을 적발하는 증시에 대한 감시 감독이다. 불법이나 위법 사례를 발견할 경우 직접 규제를 할 수도 있고 검찰이나 경찰에 관련 사건을 조사 의뢰할 수도 있다.

| 뉴욕 증권거래소 황소상 - 활황 장세 기원 |

강세 증권시장은 bull market, bullish market. 약세 증권시장은 bear market, bearish market 이라고 한다.

Investment Bank (IB, 투자은행)

An investment bank (IB) is a financial intermediary that performs a variety of services. Most Investment banks specialize in large and complex financial transactions, such as underwriting, acting as an intermediary between a securities issuer and the investing public, facilitating mergers and other corporate reorganizations and acting as a broker or financial adviser for institutional clients.

미국의 Investment bank는 기본적으로 한국의 증권사들 업무와 한국의 종합무역상사들이 추진하는 자원개발투자등 각종 투자 업무도 하고 있다. 대표적인 investment bank는 미국의 Merrill Lynch, Goldman Sachs 등등이다. Merrill Lynch는 2008년에 BOA (Bank of America)에 피인수 되었으며, 세계에서 가장 큰 투자은행이다.

 ## 세계 주요 증권 시장 (Major World Securities Market)

■ 미국

- **NYSE** (New York Stock Exchange)
  Market cap (시가총액)이 세계 최대인 증권 거래소이다. 미국 뉴욕의 Wall Street에 위치한 세계 최대 규모의 증권거래소로 「빅보드 (Big Board)」라는 애칭으로도 유명하다. 나스닥 (NASDAQ), 아멕스 (AMEX)와 함께 미국 3대 증권거래소로 꼽힌다.

- **Nasdaq** (National Association of Securities Dealers Automated Quotations)
  벤처기업들이 상장되어 있는 미국의 주식시장을 말한다. 자본력이 부족한 벤처기업들이 저리로 자금을 조달하는 창구로 활용하고 있다. 벤처기업이기 때문에 투자자들 입장에서는 일반 상장기업들에 비해 자본금이나 경영기법, 그 동안의 실적 등에 있어서 위험성이 있지만 투자가 성공했을 때의 높은 수익을 얻을 수 있다는 이점도 있다. 나스닥은 미국은 물론 전세계 첨단기술 산업체들의 활동기반이 되고 있다. 이와 비슷한 유형으로 일본은 자스닥 (JASDAQ), 한국은 코스닥 (KOSDAQ)이 있다. 이들 시장들은 시장간 동조화 현상을 보이기도 하는데 주로 미국의 나스닥 시장 장세에 나머지 시장들이 동반 변화하는 추세를 보이고 있다.

- **AMEX** (American Stock Exchange)
  ➡ NYSE (뉴욕증권거래소)에 이은 미국 제2위의 증권거래소이다.

- **한국**: KSE (Korea Stock Exchange)
- **일본**: TSE (Tokyo Stock Exchange)
- **중국**: SSE (Shanghai Stock Exchange)
- **영국**: LSE (London Stock Exchange)

미국의 주요 경제 지표 (economic indicator)

■ **GDP** (gross domestic product, 국내총생산)[*]

미국 Department of Commerce (상무성)에서 분기별로 발표한다.

[*] 한 국가의 국경 내에서 이루어진 모든 생산활동을 GDP (국내총생산) 이라고 한다. 전세계 대부분의 국가가 생활 수준/경제성장률을 분석할 때 사용하는 지표이다.

■ **Fiscal Year** (회계 연도)

세입/세출의 수지상황을 명확히 하고 예산과 관련된 실적을 평가할 회계목적을 위해서 설정된 예산효력의 존속기간으로, 1년을 회계연도단위로 하는 것이 일반적이다. 달력의 어느 일자를 회계연도의 시발점으로 하는가는 나라에 따라 다르다. 예를 들면 한국의 회계연도는 매년 1월 1일에서 시작되어 같은 해 12월 31일에 끝나지만, 미국의 회계연도는 매년 10월 1일에서 시작되어 익년 9월 30일 까지이다.

■ **Employment Statistics** (고용 통계)

Department of Labor (노동부)에서 매달 발표

■ **ISM** (Institute for Supply Management, 공급관리자협회)

ISM (미국 공급관리자협회)가 미국내 20개 업종 4백개 이상의 회사를 대상으로 매달 설문 조사를 실시해 산출하는 지수다.

➡ 제조업지수와 비제조업 (서비스업)지수 두 가지로 발표되며,
- 모두 50 이상이면 경기 확장을
- 50 미만이면 경기 수축을 예고한다.

통상적으로 제조업지수가 경기 선행지표로서 더 큰 중요성을 갖는데 이는 이 지수가 주식, 채권, 외환 시장에 큰 영향을 끼치기 때문이다.

■ CPI (Consumer Price Index: 소비자 물가 지수)

Ministry of Labor (노동부)에서 매달 발표한다.

소비 생활에 중요한 상품과 용역을 기준연도의 지출 비중을 가중값으로 하여 산출한 평균적인 가격 변동이다. 보통 CPI라고 하며, 도매물가지수 (WPI, wholesale price index)와 더불어 물가 변동을 추적하는 중요한 경제지표의 하나이다.

■ Consumer Confidence: University of Michigan Survey

미시간 대학 소비자 신뢰 지수는 consumption (소비)와 proportional (비례)한다. 즉, 신뢰지수가 상승하면 소비가 상승하고, 저축은 감소한다.

02
주식회사와 주식

 A. 주식회사 일반

 주식회사(Stock company)

a company which is owned and controlled by shareholders.

주식의 발행으로 설립된 회사로써, 모든 주주는 그 주식의 인수가액을 한도로 하는 출자의무를 부담할 뿐, 회사 채무에 아무런 책임도 지지 않으며, 회사 채무는 회사 자체가 책임진다. 그래서 주식회사는 문제 발생시 회사를 파산처리하면 채무 의무의 주체가 소멸*된다.

> * 주식회사는 언제든지 설립/소멸할 수 있는 바, 주식회사와의 거래는 조심하여야 한다. 개인회사는 「회사 = 개인」이므로 개인 재산이 회사 재산인 바, 개인이 끝까지 책임을 지나, 주식회사는 소멸하면 책임을 지는 주체가 없다. 물론, 상장기업인 주식회사는 이미 객관적으로 검증이 되어 신뢰도가 어느 정도 있으나 비상장기업은 그렇지 않다. 한국 사회에서는 개인회사보다는 주식회사에 훨씬 더 신뢰도를 부여하고 있으나, 회사 상황에 따라 판단할 사안이다.

국가에 헌법이 있듯이, 주식회사에는 company charter(정관)이 있다. Company charter(정관)은 주식회사 설립 시 작성하여 등기소에 등록하고, 주식회사는 그 company charter를 준수하여야 한다.

 CEO(대표이사) vs. Majority Shareholder(대주주)*

주식회사의 경영권은 대주주가 갖는 것이 아니고 대표이사가 가지며, 대주주는 대표이사를 선임할 수 있는 권한이 있다. 물론 대주주가 대표이사가 될 수도 있다.

➡ 대표이사 단독으로 결정할 수 있는 사안도 있고, 반드시 이사회(Board of Directors) 의결을 거쳐서 결정되는 사안도 있다.

> * 대주주란 기업의 주식을 많이 소유한 주체를 말하며, 가장 지분이 많은 주체를 최대주주라 일컫는다. 영어 표현의 majority shareholder는 equity(지분)을 50% 이상 소유한 최대주주이며, principal shareholder는 지분을 10% 이상 소유한 주요 주주를 의미한다.

주식회사의 주인: who owns corporation?

주식회사의 주인은 주주(shareholder), 즉 그 회사 주식을 소유하고 있는 사람이 주인이다. 주식을 상당량 갖고 있어 회사의 경영권을 좌지우지 하는 대주주(majority shareholder)가 그 회사의 실질적인 지배주주이자 주인인 것이다.

주식회사의 대표이사(CEO: chief executive officer)는 회사를 경영하는 전문인이지 회사의 주인이 아닐 수도 있다. 즉 CEO가 대주주라면 CEO가 회사 오너이지만 그게 아니라면 CEO는 회사 오너가 아닌 것이다. 즉, 소유(ownership)와 경영(management)이 분리되어 있는 것이다.

회사 직책중 주요한 직책의 영어 표현을 몇 가지 예를 들면,
- CEO: chief executive officer, 대표이사
- CFO: chief finance officer, 재무 총책
- CTO: chief technology officer, 기술 총책
- COO: chief operation officer, 회사운영 총책

 ## Agency Cost(대리인 비용)

경영자는 경영에 관한 정보를 주주보다 더 많이 집중적으로 접할 수 있으며, 이를 「knowledge supremacy(정보 우위)」라고 한다. 이때 경영자가 주주의 이익보다는 자기의 이익만을 위해 행동하지 않으리라는 보장이 없다. 이러한 문제를 해결하기 위해 타인(예: outside director, 사외이사)을 내세워 경영자의 경영을 감독하는데 이를 위해 주주측이 부담하는 비용을 「agency cost(대리인 비용)」이라고 한다.

 ## AGM(annual general meeting, 주주총회)

An annual general meeting(AGM) is a mandatory, yearly gathering of a company's interested shareholders. At an AGM, the directors of the company present an annual report containing information for shareholders about the company's performance and strategy.

주주총회는 주주 전원에 의하여 구성되고 회사의 기본조직과 경영에 관한 중요한 사항을 의결하는 필요적 모임이다. 주주총회는 형식상으로는 주식회사의 최고기관이며, 그 결의는 이사회를 구속하는 것이나, 총회가 결의할 수 있는 사항은 법령 또는 정관에 정하는 바에 한정된다.

Corporate Governance(기업지배구조)

Corporate governance includes the processes through which corporations objectives are set and pursued in the context of the social, regulatory and market environment. These include monitoring the actions, policies, practices, and decisions of corporations, their agents, and affected stockholders.

기업 경영의 통제에 관한 시스템으로 Shareholder(= stockholder, 주주)의 이익을 위해 회사를 적절히 경영하고 있는지 감독/제어하는 구조를 말한다. 기업 경영에 직접·간접적으로 참여하는 주주/경영진/근로자 등의 이해관계를 조정하고 규율하는 제도적 장치와 운영기구를 말한다.

Corporate Responsibility Management(CRM, 사회책임경영)

전통적 기업 경영에서는 경제적 이윤 추구가 최대 화두였다. 사회책임경영(Corporate Responsibility Management) 시대에는 이윤 추구와 동시에 사회적 가치도 함께 지향한다. 경제적 수익성 외에 환경적 건전성 그리고 사회적 책임까지 고려하는 과정에서 기업의 지속적인 성장을 추구한다. 이런 점에서 지속가능경영(Sustainable Management*)과 같은 개념이다.

> * Sustainable management is the intersection of business and sustainability. It is the practice of managing a firm's impact on the three bottom lines — people, planet, and profit — so that all three can prosper in the future.

Decision Tree(의사 결정 나무, 의사결정 트리)

A decision tree is a decision support tool that uses a tree-like graph or model of decisions and their possible consequences, including chance event outcomes, resource costs, and utility. It is one way to display an algorithm that only contains conditional control statements.

의사 결정 트리는 의사 결정 규칙과 그 결과들을 트리 구조로 도식화한 의사 결정 지원 도구의 일종이다. 결정 트리는 운용 과학, 그 중에서도 의사 결정 분석에서 목표에 가장 가까운 결과를 낼 수 있는 전략을 찾기 위해 주로 사용된다.

 ## Diversified Investment (분산투자)*

A diversified investment is a portfolio of various assets that earns the highest return for the least risk. A typical diversified portfolio has a mixture of stocks, fixed income, and commodities. Diversification works because these assets react differently to the same economic event.

* 분산투자의 반대되는 개념은 집중투자(concentrated investment)로 어느 한 종목을 집중적으로 매입하는 것을 의미한다. 상당한 risk를 수반한다.

영어 속담에 "Don't put all of your eggs in one basket." 라는 말이 있듯이 기업은 분산투자를 함으로써 위험관리를 한다. 금융 상품에 투자를 한다면, bond, stock, foreign exchange 등에 분산 투자한다.

 ## Management Responsibility (경영 책임)

기업 경영의 목표는 profit maximization (이익 극대화) 이다. 회사 자본의 운용과 수익에 대해 충분한 책임을 지는 것을 경영책임이라고 한다.

 ## Sustainable growth: 지속적인 성장,
Sustainable Growth Rate (SGR)*: 지속가능성장율

* The sustainable growth rate (SGR) is the maximum rate of growth that a company or social enterprise can sustain without having to finance growth with additional equity or debt. The SGR involves maximizing sales and revenue growth without increasing financial leverage. Achieving the SGR can help a company prevent being over-leveraged and avoid financial distress.

SGR은 기업의 재무레버리지를 증가시키지 않고, 즉, 부채비율을 일정하게 유지하며, 유상증자를 통한 외부 자금조달 없이 기업이 유지할 수 있는 성장율을 말한다.

- 지속가능 성장율 = $\dfrac{(자기자본에\ 의한\ 순이익의\ 비중 \times 내부유보율)}{(1 - 자기자본에\ 의한\ 순이익의\ 비중 \times 내부\ 유보율)}$

기업이 유상증자를 하지 않는 이유는
○ 자기자본이 부채에 비해 비싸거나
○ 현재의 주주들은 새로운 주주들이 진입하는 것을 원치 않기 때문이다. 즉, 주식 가치가 희석(dilute)되는 것을 원치 않기 때문이다.

※ General/Ordinary Partnership(합명회사)

합명회사는 2인 이상의 무한책임사원만으로 구성되는 회사로서 전사원이 회사채무에 대하여 직접 연대 무한의 책임을 지며, 원칙적으로 각 사원이 업무집행권과 대표권을 가지는 회사이다. 합명회사는 2인 이상의 사원이 공동으로 정관을 작성하고 설립등기를 함으로써 성립된다.

B. 주식

Stocks are securities that represent an ownership share in a company. For companies, issuing stock is a way to raise money to grow and invest in their business. For investors, stocks are a way to grow their money and outpace inflation over time.

When you own stock in a company, you are called a shareholder because you share in the company's profits.

Public companies sell their stock through a stock market exchange, like the Nasdaq or the New York Stock Exchange. Investors can then buy and sell these shares among themselves through stockbrokers. The stock exchanges track the supply and demand of each company's stock, which directly affects the stock's price.

A stock is an investment. When you purchase a company's stock, you're purchasing a small piece of that company, called a share. Investors purchase stocks in companies which they think will go up in value. If that happens, the company's stock increases in value as well. The stock can then be sold for a profit.

주식(share, stock)이란 사원인 주주가 주식회사에 출자한 일정한 지분 또는 이를 나타내는 증권을 말한다.

주식의 종류

■ **보통주**(common stock, ordinary shares)
Common stock is a form of corporate equity ownership, a type of security. In the event of bankruptcy, common stock investors receive any remaining funds after bondholders, creditors(including employees), and preferred stockholders are paid.

우선주 등과 같은 특별주식에 대립되는 일반적인 주식을 보통주라고 한다.

보통주 주주는 주주총회에서 임원의 선임 및 기타 사항에 대해서 주식의 소유비율만큼 voting right(의결권)*을 행사할 수 있으며, 이익배당을 받을 권리가 있다. 일반적으로 주식이라 할 때는 보통주를 의미한다.

> * voting right(의결권)
> 주주가 자신의 의사표시를 통해 주주총회의 공동 의사결정에 지분만큼 참여할 수 있는 권리.

■ 우선주(preferred stock, preference share)

Preferred shareholders have priority over common stockholders when it comes to dividends, which generally yield more than common stock and can be paid monthly or quarterly. But no voting right is given to the preferred shareholders.

보통주보다 이익/이자배당/잔여재산의 분배 등에 있어서 우선적 지위를 부여하나 보통주와는 달리 의결권이 없다. 즉, preferred stock(우선주)는 보통주보다 배당을 더 받으나 의결권이 없어 주주총회에서 의결권 행사가 불가하다. 일반적으로 우선주는 회사설립 또는 증자에 있어 사업의 전도불명 또는 부진 등으로 말미암아 보통 방법에 의해서는 자금을 조달하기가 곤란한 경우 발행된다.

■ Common Stock(보통주) vs. Preferred Stock(우선주)

구분	보통주	우선주
voting right(의결권)	Yes	No
dividend(배당)	Yes	Yes (보통주 + α)
해산청산시 권리	Yes	Yes (보통주에 우선)

 자본금(capital stock, equity capital)

Capital stock is the number of common and preferred shares that a company is authorized to issue, according to its corporate charter. The amount received by the corporation when it issued shares of its capital stock is reported in the shareholders' equity section of the balance sheet. Firms can issue more capital stock over time or buy back shares that are currently owned by shareholders.

■ 기업 설립 및 초기 운영을 위한 자금으로 회사의 자본은 발행주식의 액면총액이다. 이는 주식회사가 출자자의 유한책임의 원칙에 따르고 있으므로, 재산적인 기초를 확보하기 위하여 기준이 되는 금액을 정해 놓을 필요가 있기 때문이다.

- 주당 액면가(par value): 5,000원
- 발행 주식 수(shares issued): 10,000 주
- 자본금 = 주당 액면가 x 발행 주식 수
  = 5,000원/주 x 10,000주
  = 5천만원
  ➡ 회사 설립 시 입금된 금액으로 paid-in capital(납입 자본금)이다.

■ **capital increase**(증자)
회사가 일정액의 자본금을 늘리는 것이다. 증자의 유형에는
- 신주발행이 실질적인 자산의 증가로 연결되는 유상증자
- 실질자산 증가 없이 주식자본만 늘어나는 무상증자로 크게 대별되며,
- 이외에 전환사채 전환이나 주식배당 등이 있다.

■ **capital reduction**(감자)
자본금을 감액하는 것을 감자라고 한다. 주식회사가 주식 금액이나 주식 수의 감면 등을 통해 자본금을 줄이는 것으로, 증자에 대비되는 개념이다. 일반적으로 기업의 누적 결손으로 인해 자본금이 잠식되었을 경우 이 잠식분을 반영하기 위해 감자가 이뤄지며, 이 밖에 회사 분할이나 합병, 신규 투자자금 유치 등을 위해서도 실시될 수도 있다.

 Ex-dividend, Ex-right(배당락, 권리락)

Ex-dividend describes a stock that is trading without the value of the next dividend payment. The 「ex-date」 or 「ex-dividend date」 is the day the stock starts trading without the value of its next dividend payment. Typically, the ex-dividend date for a stock is one business day before the record date, meaning that an investor who buys the stock on its ex-dividend date or later will not be eligible to receive the declared dividend. Rather, the dividend payment is made to whoever owned the stock the day before the ex-dividend date.

주식의 배당을 받기 위해서는 일정 일자에 그 주식을 보유하고 있어야 한다. 주식을 그 일자 전에 보유하거나 그 일자 이후에 보유하면 배당을 받을 수 없다. 주식 거래는 주식을 증권거래소에 예치하고 증권거래소의 전산망으로 거래하는 바, 주식 보유 여부는 증권거래소에서 자동으로 파악된다.

➡ 예를 들어, 12/28일 기준으로 주식을 소유한 주주에게 배당한다고 하면, 28일 기준으로 그 주식을 소유하고 있어야 한다. 결제 소요 기일이 2영업일 이라면 12/27일이 배당락 일자인 바, 새로 주식을 취득해서 28일에 주식소유자가 되려면 26일*까지 주식을 매수하여야 한다.

> * 결제 소요 기간은 국가마다 상이하며. 주식 관할 당국에서 언제든지 조정 가능한 바, 주식 투자 시점에서 결제 소요 기일을 확인할 필요가 있다. 결제 소요 기일이 3일일 경우, 1/5일 주식을 매수하면, 매수 증거금이 일정 % 결제되며 (이 증거금만큼 주식 매수 주문 가능), 1/7일 주식 매수 대금을 전액 결제하고 주식의 소유권이 이전되는 것이다.

➡ 배당락이라는 것은 배당일을 지나면 배당 받을 권리가 없는 상태를 말한다. 배당락전에 100원하는 주식은 배당락이 되면 100원 미만이 된다, 즉 배당금으로 주가가 하락하여 다시 거래된다.

(Forward) Stock Split(주식분할) vs. Reverse Stock Split(주식병합)

A stock split is a corporate action in which a company divides its existing shares into multiple shares to boost the liquidity of the shares. Although the number of shares outstanding increases by a specific multiple, the total dollar value of the shares remains the same compared to pre-split amounts, because the split does not add any real value. The most common split ratios are 2-for-1 or 3-for-1, which means that the stockholder will have two or three shares, respectively, for every share held earlier.

A reverse stock split is a stock split strategy used by companies to eliminate shareholders that hold fewer than a certain number of shares of that company's stock. The reverse split reduces the overall number of shares a shareholder owns, causing some shareholders who hold less than the minimum required by the split to be cashed out. The forward stock split increases the overall number of shares a shareholder owns. A reverse/forward stock split is usually used by companies to cash out shareholders with a less-than-certain amount of shares. This is believed to cut administrative costs by reducing the number of shareholders who require mailed proxies and other documents.

■ 주식분할(Stock Split)은 자본금의 증가 없이 주식액면을 낮추고 주식수를 증가시키는 것을 말한다. 따라서 주식분할을 하여도 자본구성에는 전혀 변동이 없고, 다만 발행주식수만 늘어날 뿐이다.

➡ 주식분할은 무상증자와 마찬가지로 주식의 시가가 너무 높게 형성되어 유통성이 떨어질 경우, 즉 주식시장에서 거래량이 적을 때 하는 것으로, 주식의 유통성을 높이고 자본조달을 손쉽게 할 수 있다는 장점이 있다.

➡ 주식투자를 하는 개미들, 즉, 개인투자자들은 주가의 절대 가격이 높으면 그 주식을 사는 것을 꺼린다. 즉, 주가가 1주에 50만원을 회사 주식을 10:1 로 주식 분할을 하면 1주가 5만원이 되며, 주식 수는 10배로 늘어난다.

■ 주식병합(Reverse stock split)은 주식분할(forward stock split)과 정반대의 경우로써. 두 개 이상의 주식을 합해서 주식 금액의 단위를 병합 전보다 크게 하는 방법으로, 즉 자본금의 증가나 감소 없이 주식액면을 높이고 유통주식수를 감소시키는 것이다.

• market cap(market capitalization: 시가 총액)
시가 총액은 「현재 주가 × 주식 수 = 시가 총액」 인 바, 이는 수시 변동되며, Market cap 은 M&A의 기본 지표로 산정된다.

• stock exchange M&A(주식 교환 M&A)
주식 교환에 의한 M&A는 현금 유출 없이 자사 주식을 매수 자원으로 활용할 수 있는 것이다.

• capital gain
금융자산을 보유하고 있을 때 가격상승으로 발생한 이익을 말하는 것으로 미실현일 경우에는 평가이익이 되며, 실현되었을 경우에는 매매(차)익이 된다.

Blue Chip (우량주)

오랜 시간동안 안정적인 이익을 창출하고 배당을 지급해온 수익성과 재무구조가 건전한 기업의 주식으로 대형 우량주를 의미한다. 주가 수준에 따라 고가우량주, 중견우량주, 품귀 우량주 등으로 표현한다.

➡ 이 말은 카지노에서 포커게임에 돈 대신 쓰이는 흰색, 빨간색, 파란색, 세 종류의 칩 가운데 가장 가치가 높은 것이 블루칩인 것에서 유래된 표현이다.

➡ 또 미국에서 황소품평회를 할 때 우량등급으로 판정된 소에게 파란천을 둘러주는 관습에서 비롯됐다는 설도 있다.

➡ 월스트리트에서 강세장을 상징하는 symbol이 bull (황소)*이다. 약세장은 bear (곰)으로 표시한다.

> * bull과 관련된 주요 영어 표현중에 hit/make the bull's eye 라는 표현을 자주 사용한다.「핵심을 꿰뚫다, 정곡을 찌르다.」의 의미이다.「변죽을 울리다. 빙 둘러서 말하다」는「beat around the bush」라고 한다.
> 예문) The president did not beat around the bush. His speech on the new investment hit the bull's eye.

우량주의 기준이 명확히 정해진 것은 아니지만 일반적으로 시가총액이 크고, 성장성/수익성/안정성이 뛰어날 뿐 아니라 각 업종을 대표하는 회사의 주식을 말한다. 미국에선 Apple, AT&T, Microsoft 등이 해당되며, 한국에선 삼성전자, POSCO 등 초우량기업의 주식을 블루칩이라 할 수 있다.

블루칩은 외국인투자자나 국내 기관투자자들이 특히 선호하는 종목으로 대부분 주가도 높다. 시장에 유통되는 주식 수가 많고, 경기가 회복될 때엔 시장지배력을 바탕으로 수익개선폭이 크기 때문에 기관투자가들의 집중 매수 대상이 되고 있다. 우량주는 대체로 자본금이 크기 때문에 투자 수익율은 높지 않은 경우가 많다. 대형주만큼 크지는 않지만, 상대적으로 우량주이면서 성장성이 높아 투자에 매력적인 주식을「글래머 주식 (glamor stock)」이라고 한다.

Yellow Chip

재무구조 우량주를 블루칩 (Blue Chip)이라고 일컫는데 비해 그 보다 한단계 낮은 주식을 부를 마땅한 이름이 없자 한국 증시에서 만들어낸 신조어이다. 재무구조와 수익력이 뛰어난 블루칩에 비해 기업의 펀더멘털이 상대적으로 낮은 중저가 우량주를 지칭하는 용어다.

Delisting(상장폐지, 목록에서 제외하다)

상장증권(listed stock)이 매매대상 유가증권의 적격성을 상실하고 상장자격이 취소되는 것을 말한다.

상장 유가증권 발행회사의 파산 등 경영상 중대사태가 발생해 투자자에게 손실을 보게 하거나 증시의 신뢰를 훼손하게 할 우려가 있는 경우 증권거래소는 증권관리위원회의 승인을 얻어 강제로 해당 증권을 상장폐지 하며, 상장폐지 사유는 사업보고서 미제출, 감사인의 의견거절, 3년 이상 영업정지, 부도발생, 주식분산 미달, 자본잠식 3년 이상 등이 있다.

 ## Dilution(희석, 희석화)

Stock dilution occurs when a company's action increases the number of outstanding shares and therefore reduces the ownership percentage of existing shareholders. Although it is relatively common for distressed companies to dilute shares, the process has negative implications for a simple reason. A company's shareholders are its owners, and anything that decreases an investor's level of ownership also decreases the value of the investor's holdings.

주가의 가치가 저하되는 것을 말한다. 한 회사의 현재 주식수가 10,000주인데 15,000주로 늘어난다면 주당 가치는 저하되는 것이다. 단순 계산으로 회사의 자산이 100억원이라고 하면, 주식 수 10,000주일 경우와 15,000주의 경우의 주당 자산 가치는 큰 차이가 있다.

- 100억원/10,000주 = 1,000,000원/주
- 100억원/15,000주 = 666,666원/주 가 된다

이렇게 주당 가치가 떨어지는 것을 diluted 되었다고 한다.

 ## 발행시장(primary market, issue market)

The primary market is where securities are created. It's in this market that firms sell new stocks and bonds to the public for the first time. An initial public offering, or IPO, is an example of a primary market.

기업이나 정부가 자금을 조달할 목적으로 증권을 발행하여 일반투자자들에게 매출하는 시장으로 새로운 증권이 처음으로 발행된다는 의미에서 「제1차 시장」이라고도 한다.

■ 발행시장은 주식발행시장과 채권발행시장으로 나눌 수 있다. 주식발행시장은 일정 요건을 갖춘 기업이 기업을 공개하거나 이미 주식이 증권시장에서 거래되고 있는 기업(상장기업)이 유상증자의 방법을 통하여 자본금을 조달하는 시장을 말한다.

■ 채권발행시장은 발행주체를 기준으로 국공채, 특수채 및 회사채시장으로 크게 나눌 수 있다.

유통시장(secondary market, circulation market)

The secondary market is where investors buy and sell securities they already own. It is what most people typically think of as the 「stock market」 though stocks are also sold on the primary market when they are first issued.

이미 발행된 유가증권이 투자자들 사이에서 거래되는 시장. 유통시장은 발행시장에서 발행된 유가증권의 시장성과 유동성을 높여서 언제든지 적정한 가격으로 현금화할 수 있는 기회를 제공한다.

■ 유통시장은 시장조직의 형태에 따라 장내시장(또는 거래소시장)과 장외시장(또는 점두시장)으로 나누어진다. 거래소시장은 유가증권이 거래되는 구체적인 시장으로서 증권거래소 및 선물거래소가 이에 해당되며 유가증권의 공정한 가격형성과 유가증권 유통의 원활화를 도모하는 데 기여하고 있다.

■ 장외시장은 거래소가 아닌 장소에서 유가증권의 매매가 이루어지는 비정규적인 시장으로 거래소시장의 보완적 역할을 수행한다.

Dividend(배당금)

A dividend is the distribution of reward from a portion of the company's earnings and is paid to a class of its shareholders. Dividends are decided and managed by the company's board of directors, though they must be approved by the shareholders through their voting rights.

기업이 일정 기간 영업활동으로 벌어들인 이익 중 일부를 자본금을 투자한 주주들에게 분배하는 것이다. 배당금은 주주에 대한 회사의 이익분배금이다.

■ 배당은 기업이 마음대로 할 수 있는 게 아니다. 한국의 상법은 회사가 가진 순자산액(자산에서 부채를 뺀 금액)에서 자본금과 자본준비금, 이익준비금 등을 뺀 액수 한도 내에서 배당을 할 수 있도록 규정하고 있다. 과도한 배당으로 회사 돈이 밖으로 유출되는 것을 방지하기 위한 것이다. 배당은 현금으로도 할 수 있고 주식으로도 할 수 있고 현금과 주식을 혼합해서 할 수도 있다.

■ 현금배당은 현금으로 배당을 주고, 주식배당은 현금에 상당하는 신주를 발행해 배당하는 것이다. 보유 주식 1주당 현금 500원 또는 신주 0.1주를 나눠주는 식이다. 주식배당은 주주가 가진 주식수(지분율)에 따라 신주가 분배되기 때문에 회사의 소유 지분 비율은 변동이 없다.

■ 배당은 연말이나 회계결산일에 맞춰 실시하는게 보통이나 회기 중간에 실시하는 경우도 있다. 회기 말에 실시하는 배당을 기말배당, 회기 중간에 실시하는 배당을 중간배당이라고 한다. 배당을 할지, 한다면 얼마나 할지는 shareholder's meeting(주주총회)에서 결정한다.

■ 주주가 아닌 채권자, 즉, 채권소유자(bondholder)는 배당을 받는 것이 아니고 채권에 대한 이자를 받는다. 즉, 회사가 발행한 bond(채권)이 금리 연 5%라고 하고, 1억원의 bond를 갖고 있으면 연 5백만원 이자(interest)를 받는다. 채권 발행인, 즉 채권 발행회사는 이자 지급시 원천징수(withholding tax)*한다. 즉, 지급하는 이자에 대해 이자소득세(interest income tax)를 차감하고 나머지 금액을 지불한다.

* 소득에는 분리과세 소득과 합산과세 소득이 있다.
  원천징수하여도 매년 5월말에 전년도에 발생된 다른 소득에 합산되어 다시 소득세 산정할 경우도 있다. 이를 합산과세소득이라 한다.
  분리과세소득은 한 번 세금을 납부하면 매년 5월 종합소득세 신고에 합산되지 않는 소득이다. 예를 들면, 서적 출간 시 저자가 받는 인세는 분리 과세 소득이고, 소송 승소시 받는 일부 이익금은 합산과세 소득이다.

PAR Value(액면가)

Par value is the value of a share, bond, etc. when it is made available for sale for the first time.

주권표면에 적힌 금액으로 주당 5천원, 5백원이 일반적이다. 하지만 최근 들어 1천원, 1백원 등으로 액면가가 분할되는 경우가 많다. 액면이 분할되면 유통주식수가 그만큼 많아지나, 절대 주가가 낮아지기 때문에 개인 투자자의 접근이 쉽다.[*]

> [*] 개인 투자자의 대부분은 심리적으로 주가가 높은 주식보다는 낮은 주식을 많이 보유하는 것을 선호한다. 예를 들면, 5만원짜리 주식 10주(총 50만원)에 비해 1만원짜리 50주(총 50만원)를 보유하는 것은 선호한다. 심리적인 상황이다.

- 회사 자본금이 1억원이고, 회사 주식의 액면가가 5천원이면, 그 회사 주식 수는?
  자본금 1억원/액면가 5천원 = 20,000 주이다.

- 주당 시세가 3만원이라면 시가 총액은?
  시가 총액 = 주식 시세 × 주식 수 = 30,000원/주 × 20,000 주 = 600,000,000원

시가총액(aggregate value of listed stock)

시가 총액은 상장주식을 시가로 평가한 것으로 여기에는
- 개별종목의 시가총액
- 주식시장 전체의 시가총액이 있다.

개별종목의 시가총액

개별종목의 시가총액은 그 종목의 「발행주식수 × 현재 주가」로, 그 회사의 규모를 평가할 때 사용된다. 시가총액은 주가 변동과 함께 시시각각 변동된다.

- 발행주식수가 1천만 주인 종목이 현재의 주가가 1만원이라면 시가 총액은 1,000억원이다. 1천만주 × 10,000원/주 = 1,000억원

- 만약, 이 종목의 시가가 2만원이라면, 시가 총액은 2,000억원이 된다.
  1천만주 × 20,000원/주 = 2,000억원

수치상으로는 시가 총액만큼의 자금이 있다면 그 회사 주식을 모두 매수할 수 있다는 것을 의미한다. 그렇지만 실제적으로 주주들의 매수 움직임이 있고, 매수를 하게 되면 주가가 상승하여 회사 주식 매입에 소요되는 자금 소요액은 변동하게 된다. 일반적으로 대주주 지분만 인수하면 M&A(merge and acquisition: 기업 인수 및 합병)이 가능한 경우가 많다. 왜냐하면, 일반 소액 주주들은 경영주가 누가 되든 경영권에는 관심과 이해관계가 없으며, 대부분은 주가 상승으로 시세 차익과 높은 배당을 받는 것이 목적이기 때문이다.

■ 주식시장 전체의 시가총액

주식시장 전체의 시가총액은 증시에 상장돼 있는 모든 종목의 주식을 시가로 평가한 금액으로, 특정일 종가에 모든 상장종목별로 상장 주식수를 곱하여 합산한다. 이는 일정 시점에서의 주식시장 규모를 보여주기 때문에 국제간의 주식시장 규모 비교에 이용된다.
아울러 시가총액은 우리나라의 경제지표로 사용되는 중요 지표 중 하나이다. 예를 들면 개인의 금융자산과 은행예금총액, 보험의 계약고 등과 비교해 시가총액의 신장률이 크다는 것은 주식시장으로 자금 유입이 그만큼 활발하다는 것을 의미한다.
➡ 주식시장 시가 총액 1위는 미국이며 타의 추종을 불허한다.

 ## Market-to-book Ratio(M/B ratio: 시가 장부가 비율)

보통주의 주당 장부가에 대한 시장가격의 비율로서, 투자자들이 생각하는 회사의 가치를 공인된 회계기준에 따라 회사 가치와 연관시킨 것이다. 이 비율이 낮다면 이는 재무제표상에 나타난 회사의 자산가치가 과대평가되었다는 것이다.

- 시가: 시장에서 현재 거래되는 가격, 예를 들어 1,100원
- 장부가(book value): 회계장부에 기장된 가격, 예를 들어 1,000원
- M/B ratio: 시가/장부가 = 1,100/1,000 = 110%
  ➡ 장부가보다 시장에서 거래되는 가격이 높다. 이는 재무제표에 있는 자산가치가 실제보다 낮게 계상되어 있는 것을 의미한다.

EPS (earning per share, 주당 순이익)

Earnings per share (EPS) is calculated as a company's profit divided by the outstanding shares of its common stock. The resulting number serves as an indicator of a company's profitability. The higher a company's EPS is, the more profitable it is considered.

주당순이익 (EPS)은 기업이 벌어들인 당기순이익을 그 기업이 발행한 총 주식수로 나눈 값이다.

- EPS = 당기순이익/주식수
  ➡ 당기 순이익이 10억원, 주식 수 5만주라면 10억원/5만주 = 20,000원이 EPS (주당순이익)이 된다.
  ➡ 주식의 액면가가 5.000원이라면 액면가 대비 4배 (= 20,000원/5,000원)의 순이익을 올리고 있는 것이다.

1주당 이익이 얼마인지를 보여주는 지표로서 EPS가 높을수록 주식의 투자 가치는 높다고 볼 수 있다. EPS가 높다는 것은 그만큼 경영실적이 양호하다는 뜻이며, 배당 여력도 많으므로 주가에 긍정적인 영향을 미친다.

 ## PER (price earning ratio, 주가수익비율)

The price-to-earnings ratio (P/E ratio) is the ratio for valuing a company that measures its current share price relative to its per-share earnings (EPS). The price-to-earnings ratio is also sometimes known as the price multiple or the earnings multiple.

P/E ratios are used by investors and analysts to determine the relative value of a company's shares in an apples-to-apples comparison.[*] It can also be used to compare a company against its own historical record or to compare aggregate markets against one another or over time.

[*] 「Comparing apples to apples」 means comparing things that can reasonably be compared, while the phrase 「comparing apples to oranges」 often is used to represent a comparison that is unreasonable or perhaps impossible.

☞ apples to apples 는 비교 대상이 적절한 것이고, apples to oranges는 그 반대이다.

주가수익비율(Price earning ratio, PER)은 현재 시장에서 매매되는 주식가격을 주당순이익으로 나눈 값을 말한다. PER은 어떤 회사의 주식가치가 얼마나 적정하게 평가 되고 있는지 판단할 수 있는 잣대이다.

- PER = 주가/주당 순이익

주가수익비율 PER은 특정 주식의 주당 시장가를 주당이익으로 나눈 수치로, 주가가 1주당 수익의 몇 배가 되는가를 나타낸다. 어떤 기업의 주식가격이 5만원이라 하고 1주당 수익이 1만원이라면, 5만원/1만원 = 5, 즉, PER는 5가 된다.

➡ 여기에서 PER이 높다는 것은 주당이익에 비해 주식가격이 높다는 것을 의미하고 PER이 낮다는 것은 주당이익에 비해 주식가격이 낮다는 것을 의미한다. 그러므로 PER이 낮은 주식은 앞으로 주식가격이 상승할 가능성이 크고, PER가 높은 주식은 주식 가격이 하락할 가능성이 크다.

➡ 각 산업별로 평균 PER가 있다, 일반적으로 high-tech 업종(성장성 높음)은 PER를 높게 주고, 굴뚝 산업(성장성 낮음)은 PER를 낮게 준다.

BPS (Book-value per Share, 주당 장부/순자산 가치)

Book value of equity per share indicates a firm's net asset value(total assets - total liabilities) on a per-share basis. When a stock is undervalued, it will have a higher book value per share in relation to its current stock price in the market.

기업의 총자산에서 부채를 빼면 기업의 순자산이 남는데, 이 순자산을 발행주식수로 나눈 수치를 말한다.
➡ BPS = (총 자산 - 부채)/발행주식수 = 순자산/발행주식수

기업이 활동을 중단한 뒤 그 자산을 모든 주주들에게 나눠줄 경우 1주당 얼마씩 배분되는가를 나타내는 것으로, BPS가 높을수록 수익성 및 재무건전성이 높아 투자가치가 높은 기업이라 할 수 있다.

PBR (Price Book-value Ratio, 주가 순자산 비율)

The PBR is the market price per share divided by the book value per share. The market price per share is simply the stock price. The book value per share is a firm's assets minus its liabilities, divided by the total number of shares.

주가를 BPS로 나눈 비율을 주가순자산비율(PBR, Price Book-value Ratio)이라 한다. 즉, 주가가 순자산(자본금과 자본잉여금, 이익잉여금의 합계)에 비해 1주당 몇 배로 거래되고 있는지를 측정하는 지표이다.
• PBR= 주가/주당순자산

장부상의 가치로 회사 청산시 주주가 배당받을 수 있는 자산의 가치를 의미한다. 따라서 PBR은 재무내용면에서 주가를 판단하는 척도이다.

➡ PBR이 1이라면 특정 시점의 주가와 기업의 1주당 순자산이 같은 경우이며
➡ PBR 수치가 낮으면 낮을수록 해당기업의 자산가치가 증시에서 저평가되고 있다고 볼 수 있다. 즉, PBR이 1 미만이면 주가가 장부상 순자산 가치(청산가치)에도 못 미친다는 뜻이다.

PBR은 보통 주가를 최근 결산재무제표에 나타난 주당순자산으로 나눠 배수로 표시하므로 「주가 순자산 비율」이라고도 한다.

 ## Block Trading (대량 거래)

A block trade is the sale or purchase of a large number of securities. A block trade involves a significantly large number of equities or bonds being traded at an arranged price between two parties. Block trades are sometimes done outside of the open markets to lessen the impact on the security price.

주식시장에서 일정한 수량 이상의 대량주문을 거래에 혼란 없이 처리하기 위한 매매방법이다. 통상적인 매매거래 방식으로는 적당한 시간 내에 적정한 가격으로 주문을 집행하기가 어렵다고 판단될 때 사용된다. 즉, 시장가격에 영향을 주지 않고 대규모 주식을 사거나 팔 수 있도록 하는 제도이다. 주로 대주주, 기관 투자가 간에 장이 closing 된 후에, 즉, 시간 외 거래 방식으로 발생되며, 개미 투자자와는 상관이 없다.

➡ 예를 들어 하루 평균 거래량이 10만주인 주식을 100만주를 주식시장 개장 시간에 매매를 하려면 거래 가격을 왜곡할 수도 있다. 이럴 경우, 장 마감 후 100만주를 단일가 거래하는 것이다.

 ## Bull market*, Bullish Market (활황 장세, 상승 시장)

A bull market is the condition of a financial market of a group of securities in which prices are rising or are expected to rise. The term 「bull market」 is most often used to refer to the stock market but can be applied to anything that is traded, such as bonds, real estate, currencies and commodities.

* bear market, bearish market 은 침체 장세, 하락 시장을 의미한다.

황소가 달리는 시장으로 주식시장이 달아오르는 것을 의미한다. 뉴욕 증권거래소 앞에 황소 동상이 있다.

• 미국은 주식 시세 상승을 blue color, 하락을 red color로 표시하나
• 한국은 시세 상승을 red color, 하락을 blue color로 표시한다.
   ➡ 미국이 상승장을 blue로 표시하는 것은 우량주를 blue chip으로 표현하기 때문인 것 같다.

Initial Public Offering (IPO): 기업 (주식) 상장

An initial public offering (IPO) refers to the process of offering shares of a private corporation to the public in a new stock issuance. Public share issuance allows a company to raise capital from investors. The transition from a private to a public company can be an important time for private investors to fully realize gains from their investment as it typically includes share premiums for current private investors. Meanwhile, it also allows public investors to participate in the offering.

기업이 최초로 외부투자자에게 주식을 공개 매도하는 것으로 보통 코스닥이나 나스닥 등 주식시장에 처음 상장 (listing)하는 것을 말한다.

IPO(initial public offering: 기업공개)시 신주 발행가 결정은 기업이 귀속되는 산업군에 속한 상장 회사의 평균 PER(price earning ratio)와 해당 기업의 성장성을 기반으로 하여 institutional investor(기관투자가)의 의견을 기반으로 잠정 가격을 산정한다. 그 잠정 가격을 투자가들에게 제시, 수요 상황 파악하여 발행가(issuing price)를 결정한다.

 ## Interim Dividend(중간 배당)

An interim dividend is a dividend payment made before a company's annual general meeting(AGM)* and the release of final financial statements. This declared dividend usually accompanies the company's interim financial statements.

> * AGM(annual general meeting, 주주총회)
> An AGM is a mandatory yearly gathering of a company's interested shareholders. At an AGM, the directors of the company present an annual report containing information for shareholders about the company's performance and strategy.

기업은 일반적으로 회계 연도가 종결된 후 사업 실적에 따라 배당을 한다. 하지만, 주주이익 제고 차원에서 회계 연도 기간 중 배당을 할 수도 있으며, 이를 중간 배당이라고 한다.

 ## Liquidating Dividend(청산 배당)

A liquidating dividend is a distribution of cash or other assets to shareholders, with the intent of shutting down the business. This dividend is paid out after all creditor and lender obligations have been settled, so the dividend payout should be one of the last actions taken before the business is closed.

이익잉여금 내에서 이루어지는 현금 및 주식배당과 대비되는 개념이다.

회사가 청산절차에 들어가면 보유한 자산을 모두 현금화하여 채무를 정리하는 절차를 밟는다. 이때 청산 배분되는 자산에 대한 우선순위는

* 채권자
* 우선주 보유 주주
* 보통주 보유 주주 순이다.

채권자들에게 갚아야 할 채무를 모두 정리한 후에 자산이 남아있으면 주주들에게 이를 배분한다. 이 경우 재무실적 악화, 사업 부진 등으로 이익이 거의 발생하지 않는 상황에서 주주들에게 청산배당이 이루어지기 때문에 일반적으로 청산 배당은 미미하다.

Treasury Stock(자사주, 금고주)

Treasury stock is stock repurchased by the issuer and intended for retirement or resale to the public. It represents the difference between the number of shares issued and the number of shares outstanding.

자본시장법*은 상장사가 주가 안정 등을 목적으로 자사의 주식을 매입하는 것을 허락한다. 회사가 그 회사가 발행한 주식을 매입하여 보관하는 것을 자사주라고 한다. 회사가 자사주식을 매입하는 것은 주로 주가 부양을 위한 것이다. 시장에 유통(outstanding)되는 주식수를 줄여 주가를 부양하는 것이다. 회사가 재무상태가 아주 좋다면 주주이익 차원에서 자사주를 소각(stock retirement) 할 수도 있다.

> *「자본시장법」은 각 금융시장 사이의 칸막이를 허물어 모든 금융투자회사가 다양한 금융상품을 취급하도록 한 법률이다. 은행 중심의 자금시장과 금융투자 중심의 자본시장 간 균형발전을 도모하기 위해 마련되었다.

회사가 자사 주식을 취득하여 회사 명의로 보유하면, 그 주식은 자사주가 되는 것이며, 자사주는 보통주라도 의결권이 없지만 제3자에 매각하면 의결권이 되살아난다. 자사주가 늘어나면 기존 주주의 의결권 지분율이 높아진다.

- 회사의 총 의결권 주식수 : 10,000주
- 본인 보유 주식 수 및 지분율: 1,000주, 1,000/10,000주 = 10%
- 회사에서 자사주 취득: 1,000 주

- 회사의 총 의결권 주식수 변동 =
  회사의 총 의결권 주식수 - 회사에서 취득한 자사주 =
  　　　　10,000 주 - 1,000 주 = 9,000주
  ➡ 취득한 자사주는 의결권이 없어진다.

- 본인 지분율: 1,000주/9,000주 = 11.1%
  ➡ 자사주 취득으로 본인 지분율 상승

Underwriting(증권인수업)

Underwriting means the process through which an individual or institution takes on financial risk for a underwriting fee. The risk most typically involves loans, insurance, or investments. The term underwriter originated from the practice of having each risk-taker write their name under the total amount of risk they were willing to accept for a specified premium. Although the mechanics have changed over time, underwriting continues today as a key function in the financial world.

증권시장에서 유가증권의 인수업무를 underwrite 라고 하며, 인수 업무를 주로 하는 기업을 underwriter 라고 한다. 주로 증권회사, 투자은행들이 underwriting 업무를 한다.

예를 들어, 회사가 주식이나 사채를 발행할 때 underwriting 업무 방식이 underwriter의 책임이 어디까지인가에 따라, 몇 가지가 있으나, 일반적인 방식은 회사에서 채권을 발행하고, 인수업자가 투자자에게 판매하고 발행회사로부터 일정 수수료를 받는다. 이때 판매되지 않는 채권은 Underwriter*의 책임으로 처리하는 것이 일반적이나, 계약에 따라 상이할 수도 있다**.

　　* Underwriter는 여러 회사로 구성되는데, 그 중 대표 underwriter를 주간사(lead manager)라고 한다. 발행회사는 주간사와 업무 협의하며, 주간사가 간사 회사들과 업무 협의한다.
　　** Impossible is nothing. Unnegotiable is nothing.
　　　계약은 계약 당사자끼리 협의하기 나름이다.

03
CB vs. BW

기업이 자금조달을 할 때, 기업의 경영권에 영향을 줄 수도 있는 특수한 회사채, 즉 주식과 연계된 corporate bond(회사채)를 발행할 수도 있다. 기업이 이러한 회사채를 발행하는 것은 회사채 판매가 용이하기 때문이다.

이러한 회사채를 활용하여 corporate bondholder(회사채 보유자)가 equity(지분)을 늘릴 수 있어 대주주의 위치를 공격할 수도 있다. CB, BW에 대한 내용을 잘 모르는 engineer owner CEO 들이 곤혹을 치루는 경우가 있는 바, CB, BW에 대한 기본적인 내용을 숙지하고 있어야 하며, corporate bond 관리를 잘하여야 자신도 모르게 회사의 경영권을 상실하는 황당한 경우가 없을 것이다.

대표적인 특수 채권은 CB 와 BW 이다.
- CB(convertible bond, 전환 사채)
- BW(bond with warrant, 신주인수권부 사채)

CB 전환, BW 행사시 지분 변동

(주)Inevitable의 2대 주주 A씨는 현재 지분 30%를 보유 중이며, CB 와 BW를 보유중이다. CB 전환 또는 BW 행사함으로써 대주주의 위치에 올라 경영권을 장악할 수 있는 경우도 있다. 예를 들면, 다음과 같이 equity(지분) 변동이 발생할 수도 있다. CB전환 BW 행사후 대주주는 지분이 40%에서 35%가 되고, 30% 지분을 보유한 주주 A씨가 지분 37%로 대주주로 등극한 바, 경영권 장악이 가능하게 되었다.

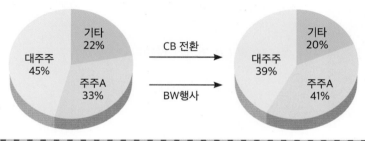

A. CB (convertible bond, 전환사채)

A convertible bond is a type of bond that the holder can convert into a specified number of shares of common stock in the issuing company or cash of equal value. It is a hybrid security with debt- and equity-like features.

CB (convertible bond, 전환사채)는 corporate bond (회사채)의 일종으로, 주식으로 전환할 수 권리가 있는 회사채를 CB라고 하며, 주식으로 전환하는 가격을 전환가격 (conversion price) 이라고 한다.

CB는 증자와 같은 효과가 있어, 대주주가 모르는 사이에 대주주도 변경될 수 도 있는 바, CB 발행 및 관리에 상당한 주의를 요한다. 다음의 경우를 살펴보자.

■ CB 발행사 개요
- 자본금 5억원, 주식 액면가 5천원, 주식 수 10만주 (= 자본금/액면가 = 5억원/5천원)
- 대주주 지분율 20% (= 대주주 보유 주식 수 2만주)

■ CB 발행 개요
- 발행금액: 3억
- CB 발행 당일 주가: 2만원
- CB 표면 금리: 연 5%
- maturity: 5년 만기, 만기 전 전환 가능
- 전환가 (conversion price): 전환 시점에서 3개월치 주가 평균

■ 3개월치 주가 평균 1만원 시점에서 CB 3억원 모두 주식으로 전환하면 대주주의 위치가 어떻게 될까요?
- CB 보유사의 주식 수 = 3억원 CB/전환가 1만원 = 30,000주

| CB주식 전환 전후 지분 변동 |

항 목	CB 주식 전환전	CB 주식 전환후	비 고
총 주식수	100,000 주	130,000주	CB전환 30,000주
대주주 보유 주식수	20,000 주	20,000 주	
대주주 지분율	20%	15.38%	20,000주/130,000주
CB 보유사의 주식 수	0주	30,000 주	
CB 보유사의 지분율	0%	23.07%	30,000주/130,000주

■ CB는 기업 M&A에 자주 사용되는 수단이다. CB 보유사는 주식을 전혀 보유하지 않았으나,
- CB 전환후 23.07%의 지분을 소유하게 되고,
- 대주주는 CB가 주식으로 전환됨에 따라 자본금이 증액되어 대주주 자신의 주식 수는 변동 없으나 지분율이 20%에서 15.38%로 대폭 감소하게 되어 대주주의 지위를 상실한다.

■ CB가 주식으로 전환이 되면,
- CB 발행사는 갚아야 할 채무가 없어진다.
- 즉, 부채가 없어지고, 증자를 한 것이 되는 것이다.

■ 그럼 CB를 매입한 회사는 언제 주식으로 전환할까? 그건 CB 발행사의 상황에 따라 결정된다.
- 회사의 전망이 좋다면, 즉, 주가 상승이 기대된다면, 주식으로 전환하는 것이 나을 수 있다.
- 그 반대라면, 사채 이자만 받는 것이 나을 것이다.

B. BW (bond with warrant, 신주인수권부 사채)

When you buy a bond with a warrant, the warrant gives you the right to buy a certain number of fixed-price shares of the stock of the company that issues the bond. You are not obligated to purchase the stock, and the price specified on the warrant may be different from the price at which the stock is trading on the day when you buy a bond.

회사채를 발행하는데, 그 회사채에 「일정 기간이 지나면 미리 정해진 가격으로 주식을 매입할 수 있는 권리」, 즉, 「warrant」가 있는 회사채(corporate bond)를 의미한다.

Warrant 보유자가 warrant를 행사하려면,

- Warrant 행사자는 신주 주금을 발행회사에 납입하고
- Warrant가 행사되면, 회사는 신주를 발행하여 warrant 행사자에게 인도하여야 한다.

Warrant는 채권과 분리될 수도 있고, 채권에 붙어 있을 수도 있다.

- 분리형은 채권과 warrant가 독립적으로 움직일 수 있다. 쉽게 말해 bond 한 장, warrant 한 장으로 별도로 되어 있는 것임.
- 비분리형(일체형)은 bond와 warrant가 분리되어 있지 않고 붙어있다. 즉, BW 증서가 한 장으로 되어 있다고 생각하면 된다.

BW 발행기업이 상장기업이라면, 분리형 warrant는 별도로 주식 시장에 상장되어 거래될 수 있다. 물론 bond도 거래된다.

상식적으로 warrant 소지자가 warrant를 행사하는 것은 현재의 주가가 warrant 행사가보다 높을 경우에 한다. 즉, 주식시장에서 만원에 살 수 있는 주식을 만원보다 높은 가격으로 warrant 행사하면서 살 이유가 없는 것이다.

투자자들은 발행기업의 주가가 약정된 매입가를 웃돌면 워런트를 행사해 차익을 얻을 수 있다. 그렇지 않으면 워런트를 포기하면 된다. 채권 부분의 고정금리를 확보하며 주식의 시세차익도 가능한 것이다. 워런트는 만기일이 있어, 그 때까지 행사되지 않으면 소멸된다.

CB(convertible bond)는 채권이, 즉 회사채가 주식으로 전환되니, 주식으로 전환되는 순간 회사채는 소멸된다. 하지만, BW(bond with warrant)는 bond 따로, warrant 따로이므로, warrant가 행사되어 주식이 발행되어도 회사채는 소멸되지 않는 바, BW 발행 회사는 채권에 대한 이자 지급과 원금 상환에 대한 의무가 지속된다. Warrant가 주식으로 행사되어도 BW 발행사는 갚아야 할 채무가 그대로 존속한다. 즉, 부채가 그대로 있고 유상증자를 한 것이 되는 것이다. 다음 경우를 살펴보자.

■ BW 발행사 개요
- 자본금 5억원, 주식 액면가 5천원, 주식 수 10만주(= 자본금/액면가 = 5억원/5천원)
- 대주주 지분율 20%(= 대주주 보유 주식 수 2만주)

■ BW 발행 개요
- 발행금액: 3억
- BW 발행 당일 주가: 2만원
- BW 표면 금리: 연 5%
- maturity: 5년 만기, 만기 전 warrant 행사 가능
- warrant: bond와 분리형, bond 1만원당 warrant 한 개
  BW 발행금액 3억 / 1만원 = 30,000개 (총 warrant 개수)
- warrant 행사가(striking price*): 30,000원
  * 옵션거래시 미리 정해진 권리를 행사할 수 있는 가격을 말한다.

■ 3개월치 주가 평균 1만원 시점에서 warrant 30,000개 모두 주식으로 행사하면 대주주의 위치는?
- BW 보유사의 주식 취득 수 = warrant 30,000개 = 30,000 주
- 당초 대주주 보유 주식 수 = 20,000 주
- 대주주 당초 지분율 = 20%
- 당초 전체 주식 수 = 10만주
- BW 행사*후 전체 주식수 = 당초 전체 주식 수 + BW 보유/행사한 회사의 주식 수
  = 100,000주 + 30,000 주 = 130,000주

  * 행사가를 fixed price로 할 수도 있고, 몇 개월 주가 평균치로 조정할 수도 있다.

- BW를 주식으로 행사한 회사의 지분율 = 30,000주/130,000주 = 약 23.07%
- 대주주 지분율 = 20,000주/130,000주 = 약 15.38%

| BW Warrant 행사후 지분 변동 |

항 목	BW 행사전	BW 행사후	비 고
총 주식수	100,000 주	130,000주	BW 행사 30,000주 신주 발행
대주주 보유 주식수	20,000 주	20,000 주	대주주 보유 주식 수 변동없음
대주주 지분율	20%	15.38%	BW 행사후 20,000/130,000주
BW 보유사의 주식수	0주	30,000 주	
BW 보유사의 지분율	0%	23.07%	30,000주/130,000주

BW 보유사는 주식을 전혀 보유하지 않았으나, warrant 행사후 23.07%의 지분을 소유하게 되고, 대주주는 warrant가 주식으로 행사됨에 따라 대주주 자신의 주식 수는 변동 없으나 자본금이 증액되어 지분율이 20%에서 15.38%로 대폭 감소하게 되어 대주주의 지위를 상실한다. BW는 기업 M&A에 자주 사용되는 수단이다.

04
ADR vs. Arbitrage

 DR (Depositary Receipt)

A depositary receipt (DR) is a negotiable certificate issued by a bank representing shares in a foreign company traded on a local stock exchange. The depositary receipt gives investors the opportunity to hold shares in the equity of foreign countries and gives them an alternative to trading on an international market.

주식을 외국에서 직접 발행해 거래할 때는 여러 가지 번거로운 절차를 거쳐야 한다. 이에 이러한 절차를 피하면서도 같은 효과를 내기 위해 원래 주식은 본국에 보관한 채 이를 대신하는 증서를 만들어 외국에서 유통시키는 증권이 DR(depository receipts, 주식예탁증서)이다.

 ADR (American Depositary Receipt)

An American depositary receipt (ADR) is a negotiable certificate issued by a U.S. depository bank representing a specified number of shares in a foreign company's stock. The ADR trades on markets in the U.S. as any stock would trade.

미국 시장에서 발행한 DR을 ADR이라 한다. 미국주식예탁증서(ADR)는 미국 회계기준에 맞춰 미국 시장에서 발행되며, 원주의 소유권을 표시하고 있기 때문에 원주 자체를 움직이지 않고서도 미국에서 자유롭게 거래할 수 있다. 이는 미국 투자자들이 외국 기업의 주식에 용이하게 투자할 수 있도록 하고, 미국의 자본시장에 접근하려는 외국기업을 지원하려는 목적으로 1920년대에 처음 거래되기 시작했다.

발행절차는 발행회사가 현지의 예탁기관과 계약을 하고 국내보관기관(증권예탁원)에 주식을 맡기면, 예탁기관은 현지통화(달러)로 표시된 보관영수증을 발행해 일반 주식처럼 유통시장에 내놓게 된다. 즉, 한국의 증권예약원에 보관된 발행회사 주식을 담보로 확보하고 미국에서 ADR을 발행하여 상장하는 것이다.

주식예탁증서는 발행 시장에 따라 그 명칭이 다르다.
- 미국시장에서 발행: ADR (American depository receipts)
- 유럽시장에서 발행: EDR (European depository receipts)
- 미국/유럽등 복수시장에서 동시에 발행한 경우: GDR (global depository receipts)

 ## Arbitrage (재정거래)

Arbitrage is the simultaneous purchase and sale of an asset to profit from an imbalance in the price. It is a trade that profits by exploiting the price differences of identical or similar financial instruments on different markets or in different forms. Arbitrage exists as a result of market inefficiencies and would therefore not exist if all markets were perfectly efficient.

동일 상품이 지역에 따라 가격이 다를 때 이를 매매하여 차익을 얻으려는 방법을 arbitrage (재정거래)라고 한다.

19세기 투기적인 주식매매에서 사용된 방법으로 낮은 가격에 사서 높은 가격으로 매각하므로 높은 수익을 올리는 것이 일반적이다. 이러한 현상을 이용한 거래를 차익거래 (arbitrage trading)라고 하는데, 선물시장에서 선물가격과 현물가격과의 차이를 이용한 무위험 수익거래 기법을 의미한다.

재정거래는 외환거래나 다국적기업에 자주 나타나는 현상으로, 재정거래는 몇 가지로 분류한다.

- **환차익 아비트리지** (exchange arbitrage)
  외환시세의 불균형을 이용해 얻는 환율 거래.

- **금리차익 아비트리지** (interest arbitrage)
  국가마다 다른 금리를 이용해 얻는 금리차익 거래.

- **조세 아비트리지** (tax arbitrage)
  다국적기업은 세금을 많이 내는 국가에서 적게 내는 국가로 이익을 이전하여 세금감면의 효과를 시현.

- **금융시장 아비트리지** (financial market arbitrage)
  자금을 이전하여 외환통제를 피하고 금융자산에 대한 수익률을 올리며 부채비용도 축소.

- **정치적/사회적 규제의 아비트리지**
  가격통제나 노조압력/외환통제 등의 규제가 심한 나라에서 규제가 적은 나라로 자금을 이전하면 리스크를 줄일 수가 있는데, 이를 정치적/사회적 규제의 아비트리지라고 한다.

S사 주식 한 주를 미국 ADR 1주로 미국 시장에 상장을 시켰다. 즉, 한국에서 S사 주식 한 주를 사면, 미국 주식 시장에서 ADR 1주를 사는 것과 같다. 어느날 갑자기 한국에서 S사 주식이 1,000원이고, 환율은 $1 =₩1,000 인데, 미국 ADR 가격은 $0.8 이다. 이 경우, 한국 시장에서 주식 1주 매도하고, 미국 시장에서 ADR 1주를 매입하면 S사 주식 보유 주식 수는 변동이 없으며 주당 $0.2 의 차액이 확보되는 것이다. 이것이 재정거래이다.

왜 이런 상황이 발생할까? 한국 시장에서 S사 주식은 매매가 많은 주식이나 미국 주식시장에서 S사 ADR은 거래가 많지 않으며, 한국과 미국은 시차가 있어 가끔 가격 차이가 발생하는 것이다. 하지만, 발 빠른 투자자들이 즉시 arbitrage(재정거래)를 하는 바, 이 가격 차이는 오래 지속되지 않으며 즉시 가격 gap이 메워진다.

05
Financial Terms

ABS (asset-backed security) 자산 담보부 증권

An asset-backed security (ABS) is a financial security such as a bond or note which is collateralized by a pool of assets such as loans, leases, credit card debt, royalties, or receivables. For investors, asset-backed securities are an alternative to investing in corporate debt.

금융회사나 기업이 보유하고 있는 부동산, 회사채, 대출채권, 외상매출채권 등 각종 자산을 기초자산(underlying assets)으로 발행하는 증권으로 자산에 묶여 있는 현금 흐름을 창출하는 것이 목적이다. 이는 원보유자의 파산위험에 대비, 담보를 안전장치로 갖추고 있으므로, 자산 원보유자가 직접 발행한 채권보다 높은 신용등급으로 평가된다.

➡ 기초자산의 종류에 따라 CBO(채권담보부증권), CLO(대출담보부증권), MBS(주택담보부증권) 등으로 구분된다.

Black Swan (블랙스완)

an unpredictable or unforeseen event, typically one with extreme consequences.

「도저히 일어날 것 같지 않은 일이 일어나는 것」을 의미한다. 월가 투자전문가가 그의 저서 「검은 백조(The black swan)」를 통해 2008년 금융위기를 촉발한 서브프라임 모기지 사태를 예언하면서 통용되었다.

그는 저서에서 검은 백조의 속성을
• 일반적 기대 영역 바깥에 존재하는 관측 값
  ☞ 검은 백조의 존재 가능성을 과거의 경험을 통해 알 수 없기 때문.

- 극심한 충격을 동반
- 존재가 사실로 드러나면 그에 대한 설명과 예견이 가능 한 점 등으로 기술하고 있다.

원래는 검은 색깔을 가진 백조를 떠올리기가 쉽지 않은 것처럼 「실제로는 존재하지 않는 어떤 것」 또는 「고정관념과는 전혀 다른 어떤 상상」이라는 은유적 표현으로 사용된 용어였으나, 17세기 한 생태학자가 실제로 호주에 살고 있는 흑조를 발견함으로써 「불가능하다고 인식된 상황이 실제 발생하는 것」이란 의미로 전이되었다.

Capital Gain(자본 이득) vs. Capital Loss(자본 손실)

Capital gain is a rise in the value of a capital asset(investment or real estate) that gives it a higher worth than the purchase price. The gain is not realized until the asset is sold. A capital gain may be short-term(one year or less) or long-term(more than one year) and must be claimed on income taxes.

A capital loss is the loss incurred when a capital asset, such as an investment or real estate, decreases in value. This loss is not realized until the asset is sold for a price that is lower than the original purchase price

각종 자본적 자산의 평가변동에서 발생하는 차익으로 자본적 자산인 토지/공사채/주식 등의 가격상승으로 생기는 차익을 의미한다. 이 가치의 증가는 단순한 평가액의 상승 또는 매각에 의한 차익이다.

➡ 캐피털 게인을 이용한 적극적 경제행위가 투기인데, 그 전형을 주식의 매매, 부동산 투기 등에서 볼 수 있다.
➡ 캐피털 게인과 달리, 이자나 배당에 의한 수입을 income gain이라고 한다.

Cash Cow(캐쉬 카우)

「Cash cow」 means well-established brand, business unit, product, or service, that generates a large, regular, predictable, and positive cash flow. The term 「cash cow」 is a metaphor for a 「dairy cow」 used on farms to produce milk, offering a steady stream of income with little maintenance.

시장점유율이 높아 수익을 지속적으로 가져다 주지만 시장의 성장가능성은 낮은 제품이나 산업을 말한다. 즉, 현재의 수익 창출이라는 측면에서는 안정적이지만, 미래 발전가능성은 높지 않다는 것을 의미한다. 「지속적인 수익 창출원」이라고 한다.

미국 3대 컨설팅 회사인 보스턴컨설팅그룹(BCG)에서 처음 사용한 용어로, 제품의 시장성 장률과 시장점유율을 토대로 각 사업의 위치 및 성과를 평가하여 계속 유지할 것인지, 철수할 것인지의 전략적 판단을 내릴 때 사용된다.

캐시 카우로 분류되는 제품이나 산업은 잘 다져진 브랜드 명성을 갖고 있고, 신규투자 자금이 많이 필요 없으며 현금흐름이 좋아 기업의 자금원 역할을 한다.

 ## Debt Capacity (차입능력)

Debt capacity refers to the total amount of debt a business can incur and repay according to the terms of the debt agreement. A business takes on debt for several reasons, such as boosting production or marketing or acquiring new businesses.

기업이 도산을 하지 않는 범위 내에서 가능한 차입능력을 debt capacity 라고 한다. 기업은 생산 또는 마케팅 강화 또는 새로운 비즈니스 획득과 같은 여러 가지 이유로 외부로 자금을 차입하게 된다.

 ## Default Risk (채무불이행 위험)

Default risk is the chance that a company or an individual will be unable to make the required payments on their debt obligation. Lenders and investors are exposed to default risk in virtually all forms of credit extensions. A higher level of risk leads to a higher required return, and in turn, a higher interest rate.

채권의 원리금이 계약대로 지불되지 않을 가능성을 말하는 것으로 채무불이행위험을 평가하기 위해서는 당해 증권의 계약내용과 동시에 발행주체의 채무변제능력을 여러 가지 각도에서 검토하여야 한다. 미국에서 발달한 채권등급평가는 독립된 기관이 채무불이행위험을 평가하여 그 결과를 간단한 등급기호로 나타낸 것이다.

채무불이행위험의 평가에 있어서 전통적으로 가장 중시되어온 지표는 「이자보상비율*」이다.

　* 이자보상비율(interest coverage ratio) : 버는 돈으로 이자와 세금을 부담할 수 있는 여력이 되는지 여부를 판단하는 지표

Factoring -Account Receivable(A/R: 외상 매출채권)의 매입 사업

Factoring is a financial transaction and a type of debtor finance in which a business sells its accounts receivable(i.e., invoices) to a third party(called a factor) at a discount. A business will sometimes factor its receivable assets to meet its present and immediate cash needs.

「매도자(seller)가 구매자(Buyer)에게 물품을 외상으로 판매한 후, 그 외상매출 채권의 현금화를 조속히 할 경우가 있는데, 그러한 외상 매출채권을 인수하여 금융 거래 차익을 확보하는 거래를 팩토링(Factoring)이라고 한다. 이러한 거래는 국제간의 무역에도 사용되는데 이를 international factoring 이라 한다.

미국에서는 팩터링의 역사가 오래되었으며 주요 상거래 방법의 하나이다. 팩토링회사(Factor)가 지속적으로 외상매출채권을 매입하면서 제조업자(상품/용역의 공급자)에게 대금회수, 매출채권관리, 부실채권보호, 금융제공 등의 혜택을 부여하는 서비스를 말한다.
팩터링은 다음과 같이 이루어진다.

■ 기업이 상품 등을 매출하고 받은 외상매출채권이나 어음을 팩터링 회사(신용판매회사)가 사들인다.*

　* 외상매출금(AR: account receivable)을 factoring 회사에 매도하여 현금을 조달하거나, 담보로 하여 자금을 조달하는 방식을 account receivable financing(AR financing) 이라고 한다.

　　☞ 외상매입금은 AP(account payable) 라고 한다.

■ 팩터링 회사가 채권을 관리하며 회수한다.

■ 사들인 외상매출채권이 부도가 날 경우의 위험부담은 팩터링 회사가 진다. 상품을 매출한 기업으로서는 외상판매 또는 신용판매를 하고도 현금판매와 같은 효과를 얻을 수 있고 채권의 관리/회수에 필요한 인력과 비용을 감축할 수 있는 이점이 있다. 단점은 factoring 회사의 수익만큼 차감된 금액을 받는다는 것이다.

➡ 즉, A/R이 10억이고 만기가 3개월후 라고 가정하면, Factoring 회사에서 이 A/R을 인수할 때는 「3개월에 대한 이자 + A/R 회수에 따른 risk 비용 + factoring 회사의 이익」을 고려하여, A/R 인수 가격을 결정할 것이다.

Financial derivatives (파생금융상품, derivative financial products)

A derivative is a contract between two or more parties whose value is based on an agreed-upon underlying financial asset (like a security) or set of assets (like an index). Common underlying instruments include bonds, commodities, currencies, interest rates, market indexes, and stocks.

외환/예금/채권/주식 등과 같은 기초자산으로부터 파생된 금융상품을 financial derivatives 또는 derivative financial products (파생금융상품) 이라고 하며, 그 본래 취지는 손실위험을 회피하거나 최소화하여 수익을 확보하도록 각 고객의 필요에 맞게 각종 금융상품을 결합한 금융상품이다.

국제통화체제가 변동환율제로 전환되면서 환차손을 피하기 위하여 1972년 미국에서 처음 도입되었으며, 계약의 형태와 거래시장의 특성, 기초자산의 종류 등에 따라 다양한 유형으로 분류된다. 대표적인 파생상품으로는 「선물(future), 옵션(option), 스왑(swap), 선도(forward)」 등이 있는데, 이들 파생상품을 대상으로 하는 선물 옵션, 스왑 선물, 스왑 옵션 등 2차 파생상품이외에도 다양한 상품이 있으며, 시장 규모는 막대하다.

선물 (futures), 옵션 (option), 스왑 (swap)

• 선물에는 주가지수 선물, 환율 예약, 상품 선물 등이 있다.
• 옵션에는 주가 옵션, 금리 옵션, 통화옵션이 있다.
• 스왑에는 통화 스왑, 금리스왑 등이 있다.

■ Futures are similar to a forward contract. The difference is that futures are standardized agreements to buy or sell an asset in the future at an agreed upon price. Therefore, they can be traded on stock exchanges.

The value of the futures depends on the price of the underlying asset. Futures can be used for hedging or speculation. Speculation means buying and selling an asset with the hope of making a profit.

파생상품의 선물이란 futures contract를 의미하며, 특정일에 미리 정한 가격으로 해당 대상을 매입이나 매도하기로 약속하는 계약을 말하며 선물계약을 하려는 이유는 물건의 가격 변동이 심하더라도 약속한 가격으로 거래를 할 수 있어 미래의 가격 변화에 대응할 수 있으므로 위험을 회피할 수 있기 때문이다.

■ There are two types of options. A call option gives the holder the right to purchase an asset at an agreed-upon price on or before a specified date. This agreed-upon price is known as the exercise price. It has to be noted that the holder has the option and can choose to not buy the asset.

A put option gives the holder the right to sell an asset at a specified price. It will make sense for the put option holder to exercise his option only if the exercise price is greater than the market price of the asset. Otherwise, he can sell the asset in the market at a higher price.

옵션이란 미리 정해진 조건에 따라 일정한 기간 내에 상품이나 유가증권 등의 특정자산을 사거나 팔 수 있는 권리를 말하며 이를 매매하는 것을 옵션거래라고 한다. 옵션계약에서 정하는 특정자산을 사거나 팔 수 있는 권리는 옵션을 발행하는 자가 이를 매수하는 자에게 부여하고 옵션소유자는 일정기간 동안 옵션계약에 명시된 사항을 옵션발행자에게 이행토록 요구하거나 또는 요구하지 않아도 되는 조건부청구권을 가지게 된다. 옵션거래는 권리를 행사할 수 있는 기간이 미래에 있기 때문에 광의의 선물거래라고 할 수 있다.

■ A swap is a contract in which two parties exchange their future cash flows for a period of time. The most common type of swap is interest rate swap. In this, parties agree to exchange interest rate payments. And the other is foreign currency swap.

스왑은 두 당사자가 각각 가지고 있는 미래의 현금 흐름을 서로 맞바꾸기로 합의하는 것으로 다양한 형태가 있으며 가장 활발히 거래되는 스왑에는 금리스왑과 외환스왑이 있다.

- 금리스왑은 고정금리와 변동금리를 맞바꾸는 것으로, 정해진 원금에 대하여 3개월 또는 6개월과 같이 미리 정해진 기간에 대한 이자를 한 쪽 당사자는 고정금리로 지급하고 다른 한 쪽은 변동금리로 지급하는 것을 만기까지 계속하기로 하는 계약을 말한다.

- 통화스왑은 유사하게 한 나라의 통화와 다른 나라의 통화를 맞바꾸는 거래를 말한다.

📈 Margin Call (마진 콜)

A margin call occurs when the value of an investor's margin account (that is, one that contains securities bought with borrowed money) falls below the broker's required amount. A margin call is the broker's demand that an investor deposit additional money or securities so that the account is brought up to the minimum value, known as the maintenance margin.

A margin call usually means that one or more of the securities held in the margin account has decreased in value below a certain point. The investor must either deposit more money in the account or sell some of the assets held in the account.

선물계약의 예치증거금이나 펀드의 투자원금에 손실이 발생할 경우 이를 보전하라는 요구를 말한다. 증거금이 모자랄 경우 증거금의 부족분을 보전하라는 전화(call)를 받는다는 뜻에서 붙여졌다. 투자자들뿐 아니라 돈을 빌려준 금융회사들도 마진 콜을 받을 수 있다.

마진콜이 걸리게 되면 투자자는 신속히 증거금을 채워야 계약이 계속 유지될 수 있다. 수익률이 떨어져 펀드들이 마진 콜을 당할 때는 증거금을 보전해야 시장으로부터 신뢰를 유지할 수 있다. 이 때문에 마진 콜이 발생하면 반드시 디레버리지*(de-leverage) 현상으로 연결된다.

  * 레버리지 (leverage): 부채에 의한 자금조달 ↔ 디레버리지 (de-leverage): 부채 축소

이 과정에서 투자자산 회수에 따른 자산가격 하락과 유동성 확보로 인한 유동성 경색현상이 발생하기도 한다. 마진* 콜에 응하지 못할 경우 거래소는 자동반대매매 (청산)를 통해 거래계약 관계를 종결시킨다. 원래는 선물거래에서 사용되는 용어였으나 펀드 등에도 일반화되었다.

* ※ Margin (마진)의 다양한 의미
   • 상거래/무역 거래: 판매가격과 매출원가와의 차액, 즉 매출 총이익, 이익, 수수료
   • 무역 L/C 거래: 보증금
   • 증권: 증거금
     주식거래에 있어서 투자자는 보유금액보다 2.5배 많은 금액의 주문이 가능하다. 즉, 본인 구좌에 1백만원이 예치되어 있으면 2.5백만원 어치의 주식을 매수할 수 있으며, 1백만/2.5백만 = 40%인 바, 증거금율이 40%가 되는 것이다. 증거금율은 언제든지 증권당국의 정책에 의해 변동될 수 있다.
   • 인쇄: 인쇄시 여백

Private Equity Fund (PEF : 사모투자펀드)

50인 이하의 소수 투자자로 펀드 구성하며, 일반 기업부터 법정관리 기업까지 다양한 기업의 경영권을 인수한 후 기업가치가 상승했을 때, 지분을 매각하여 이익을 시현한다. 일반적으로 PEF (사모투자펀드)는 투자 자본 차익을 얻는 것이 목적이다.

RP (repurchase agreement, 환매조건부 매매)

A repurchase agreement (repo) is a form of short-term borrowing for dealers in government securities. In the case of a repo, a dealer sells government securities to investors, usually on an overnight basis, and buys them back the following day at a slightly higher price.

유가증권을 매매시 매매당사자 사이에 일방이 상대방에게 유가증권을 일정기간 경과 후 일정가액으로 매수/매도하기로 하고 매매하는 것을 의미한다. 이는 일시적인 자금 사정을 고려한 금융거래이다.

➡ 2019/1/5일 유가증권을 매수한 자가 2019/12/20일 그 증권을 매도 하기로 한다. 즉, 여유자금을 갖고 있는 사람이 매수하고, 2019년말 경에 자금이 필요하니 그 유가증권을 매도하는 것이다.

MBA English - *Basics*

Global 경영·금융·증권·회계·외환·무역·마케팅 용어집

➡ 2019/6/30일 유가증권을 매도한 자가 2019/12/20일 그 증권을 되사기로 한다. 유가증권을 매도하는 시점에서는 현금이 필요했으나, 12월이 되면 현금이 필요 없게 되어 그 유가증권을 되사는 것이다.

Refunding (차환)

The act of replacing an old loan or other debt with a new one.

이미 발행된 채권을 상환하기 위해 새로 채권을 발행하는 것을 refunding(차환) 이라고 한다. 10년 미만인 단기채권은 상환기간이 되면 채권을 새로 발행하여 상환기간을 연장하는 것이 보통이다. 그러나 만기가 도래하기 전에도 몇 가지 이유로 차환이 이루어지는 경우가 있으며, 그 중 대표적인 사유가 금융비용 절감이다.

예를 들어, 2018년 9월에 10년 상환으로 100억원을 annual interest(연리) 5%로 차입했다. 2019년 10월에 시중 자금 사정이 풍부해져 금리가 인하되어 연리 4% 차입이 가능해졌다, 이 경우, 100억원을 신규 차입하여 기존 100억원을 상환한다. 이를 차환(refunding) 이라고 한다. 부채는 그대로 남아 있으나 금융비용이 annual interest 1%만큼 감소한다.

Striking Price (행사가격)

In finance, the strike price(or exercise price) of an option is the fixed price at which the owner of the option can buy(in the case of a call), or sell(in the case of a put), the underlying security or commodity.

* option (call or put)을 실행할 수 있는 가격
  ➡ call option은 얼마에 살 수 있는 권리.
  ➡ put option은 얼마에 팔 수 있는 권리.

option은 maturity date(만기일)이 있으며 만기일이 지나면 권리가 소멸된다. 예를 들어, call option 만기일이 2019/8/31일이면 이 때 까지 행사하지 않으면 그 권리는 없어진다.

A라는 회사에 100억을 대출하고 이자를 받는다. 그런데 이 회사가 현재 개발 중인 제품이 나오면 회사가 아주 좋아질 것 같다. 이런 경우, 대출 조건으로 call option을 요구할 수도 있다. 즉, 언제까지 주식을 주당 얼마로 살 수 있는 권리를 가질 수 있다. Put option은 반대의 개념이다. 즉, 언제까지 얼마로 팔 수 있는 권리이다.

CD (certificate of deposit)

양도성예금증서. 일종의 정기예금증서로 양도가 가능하여 유동성이 높은 상품으로, 은행의 주요 자금조달 수단의 하나이다.

CP (commercial paper, 기업어음)

기업어음은 기업이 상거래와 관계없이 단기자금을 조달하기 위하여 자기신용을 바탕으로 발행하는 만기 1년 이내인 융통어음(accommodation bill)을 말한다. 반면, 기업이 상거래에 따른 대금결제를 위해 발행하는 어음을 상업어음(trade bill)이라 하며, 상업어음은 반드시 물품의 상거래를 수반하기 때문에 진성어음(commercial bill)이라고도 한다. 예를 들면, 대기업이 협력업체로부터 물품을 납품받고 물품대금을 지불하기 위해 발행하는 어음이 진성어음이다.

MMDA (money market deposit account)

시장금리부 수시입출금식 예금. 입출금이 자유로우면서도 시장금리를 지급하는 은행예금의 한 상품이다.

MMF (money market fund)

단기금융펀드. 투자신탁회사의 금융상품으로, 투신사가 고객의 돈을 모아 단기금융상품에 투자해서 얻은 수익을 돌려주는 실적배당형 상품으로 환매(인출)가 자유롭다.

Money Trus (금전신탁)

은행이 고객의 금전을 예탁받아 이를 운용하되, 일정 기간 후에 원금과 수익을 고객에게 지급하는 것이다.

Financial Bond (금융채권)

은행, 증권사, 투자금융회사 등 금융기관이 발행하는 채권을 말한다.

- 한국은행이 발행하는 통화안정증권
- 주택은행이 발행하는 주택채권
- 외환은행이 발행하는 외국환금융채권, 중소기업은행이 발행하는 중소기업금융채권, 산업은행이 발행하는 산업금융채권 등등.

표지어음 (cover bill)

금융기관이 기업이 발행한 어음을 사들인 뒤 이를 근거로 별도의 자체 어음을 발행해 일반 투자자에게 판매하는 어음이다.

06
Corporate Analysis(기업분석)

Corporate analysis is the process of reviewing key aspects of a company to determine its strengths and weaknesses. Investors and industry analysts review corporations to determine if they provide solid growth opportunities to outside investors.

 ## Cash Flow Management(현금흐름경영)

Cash flow management is summarized as the process of monitoring, analyzing, and optimizing the 「net amount of cash receipts minus cash expenses.」 Net cash flow is an important measure of financial health for any business.

현금흐름을 중시하는 경영을 현금흐름경영이라고 한다. 현금흐름경영의 기본은 현금유입과 유출로 경영을 평가하는 것이다. 「영업현금흐름」은 돈을 버는 것이고, 「투자현금흐름」, 「재무현금흐름」은 돈을 쓰는 것이다.

 ## Discounted Cash Flow(DCF: 현금흐름 할인법)

기업에게 들어올 미래 현금흐름을 산출하여 이를 적절한 할인율을 이용하여 현재가치로 환산한 것이 바로 기업의 가치라는 것이다.

➡ $DCF = CF_1/(1+r) + CF_2/(1+r)^2 + CF_3/(1+r)^3 + ...$
   CF: cash flow, r: 할인율

 ## Discount Rate(할인율)

돈의 가치는 시간의 흐름에 따라 인플레이션 등에 의해 변화되는데, 할인율이란 미래의 가치를 현재의 가치와 같게 하는 비율이다. 이에 반해 수익률은 현재가치에 대해 발생하는 미래가치의 비율을 말한다. 그러므로 통상 이자율이 올라가면 나중에 더 많은 수익을 얻기 때문에 수익률이 높아지며, 미래가치를 현재가치와 일치시키는 비율도 높아지기 때문에 할인율도 상승하게 된다.

➡ 채권수익률은 대표적인 할인율 개념이다. 채권가격은 채권수익률과 inversely proportional (반비례) 관계에 있다.
  - 채권수익률이 높아진다면 채권을 상환해서 받을 현금의 현재가치가 떨어진 것이며, 따라서 현재의 채권가격이 떨어진다.
  - 채권수익률이 낮아진다면 앞으로 받을 현금의 현재가치가 높아진 것이므로 채권가격은 올라가게 된다.

 ## Earning Shock vs. Earning Surprise

통상적으로 earning shock (어닝쇼크)는 예상보다 저조한 실적을 가리킨다. 이와는 반대로 어닝시즌에 발표된 기업의 실적이 예상치를 훌쩍 뛰어넘는 경우를 earning surprise (어닝 서프라이즈)라고 한다.

주식시장에서 「어닝 (earning)」은 기업의 실적을 뜻하며, 분기 또는 반기별로 기업들이 집중적으로 그동안의 영업 실적을 발표하는 시기를 「어닝 시즌 (earning season)」이라 한다.

시장에서 예상했던 것보다 실적이 낮게 발표되면 기업이 좋은 실적을 발표해도 주가는 떨어지지만, 예상했던 것보다 실적이 좋으면 기업의 실적이 저조하더라도 주가는 오르기도 한다.

Earnings Quality (이익의 질)

이익의 질은 회계적인 측면에서는 기업이 창출하는 이익의 질을 평가하는 것은 미래의 이익을 예측하고 기업가치를 평가하는 데 중요한 의미를 가진다. 이익의 질이 높을수록 경영성과의 지속성과 예측가능성이 높아진다.

현실적인 비즈니스 측면에서 「이익의 질」은 주로 회사의 기술력과 자생력을 의미한다. 즉, 고객사의 입장에서 그 회사가 꼭 필요한 존재인지 아닌지가 이익의 질 판단 기준이 된다.

예를 들어, A사는 국내 굴지의 S사의 부품 공급업체인데, A사 아니더라도 S사는 부품 조달이 가능하다. S사가 A사에 오더를 주는 이유는 A사 오너와의 관계라든가 어떤 특수한 관계에 인한 것이지, A사가 꼭 필요해서, 즉, 이 회사 아니면 해결 방법이 없어 오더를 주는 것이 아니다. 이런 경우는 『이익의 질』이 좋지 않은 것이다. 즉, 지금 이익을 남길지라도 S사 입장이 변경되면 A사는 오더 수주 자체가 흔들릴 수도 있어 이익을 남기기 어려운 구조이다.

 ## Free Cash Flow(FCF, 잉여현금흐름)

기업이 사업으로 벌어들인 돈 중 세금과 영업비용, 설비투자액 등을 제외하고 남은 현금을 의미한다. 철저히 현금 유입과 유출만 따져 돈이 회사에 얼마 남았는지 설명해주는 개념이다. 투자와 연구개발 등 일상적인 기업 활동을 제외하고 기업이 쓸 수 있는 돈이다. 회계에서는 영업활동현금흐름과 투자활동현금흐름을 합한 것과 같다.

• 잉여현금흐름 = 당기순이익 + 감가상각비 - 고정자산증가분 - 순운전자본증가본

잉여현금흐름은 배당금 또는 기업의 저축, 인수합병, 자사주 매입 용도로 사용할 수 있다. 그러나 잉여현금흐름이 적자로 전환하면 해당 기업은 외부에서 자금을 조달해야 한다.

 ## Hidden Champion(히든 챔피언)

A Hidden Champion is a company that. belongs to the top three in its global market or is number 1 on its continent. has less than US$5 billion in revenue. and is little known to the general public.

대중에게는 잘 알려지지 않았으나, 세계시장 경쟁력을 보유한 중소기업(small-and-medium-sized companies)을 가리키는 말이다. 즉 히든 챔피언은 혁신을 바탕으로 기술력 및 품질 측면에서 특화된 제품을 생산, 판매하는 기업을 의미한다.
☞ Hidden champion들은 이익의 질이 좋은 회사들이다.

히든 챔피언이라는 용어는 독일 경영학자 헤르만 지몬의 저서 「히든 챔피언(Hidden Champions of the 21st Century)」에서 유래한다. 지몬은 「규모는 작지만 고도로 특화되어 세계시장을 주도하는 독일 기업들」을 설명하면서, 인지도는 낮지만 관련 분야에서 시장점유율 세계 3위에 속하는 매출액 50억 달러 이하인 기업들을 히든챔피언이라고 규정했다.

Investor Relations (IR, 기업설명회)

Investor relations (IR) is a strategic management responsibility that is capable of integrating finance, communication, marketing and securities law compliance to enable the most effective two-way communication between a company, the financial community, and other constituencies, which ultimately contributes to a company's securities achieving fair valuation.

투자자가 합당한 판단을 내릴 수 있도록 회사의 객관적인 정보를 투자자들에게 알리는 기업 설명회를 IR 이라고 한다. IR 자료/보고서는 주식시장에서 기업의 우량성을 확보해 나가기 위해서 투자자들만을 대상으로 기업의 경영활동 및 각종 정보를 제공하고자 할 때 작성하는 자료/보고서이다. 주식 시장에 등록된 회사에서 회사의 가치를 높이는 활동으로 활용한다.

 ROE (return on equity, 주주 자본 이익률, 자기 자본 이익률)

Return on equity (ROE) is a measure of financial performance calculated by dividing net income by shareholders' equity. ROE is considered a measure of how effectively management is using a company's assets to create profits.

기업의 자기자본에 대한 기간이익의 비율
- ROE (%) = 당기순이익/자기자본 x 100

기업의 이익창출능력으로 경영자가 기업에 투자된 자본을 사용하여 이익을 얼마나 창출하는지를 보여주는 지표이다. 산출방식은 기업의 당기순이익을 자기자본으로 나눈 뒤 100을 곱한 수치이다. 예를 들어, 자기자본이익률이 10%라면 주주가 연초에 1,000원을 투자했더니 연말에 100원의 이익을 냈다는 뜻이다.

기간이익으로는 경상이익, 세전순이익, 세후순이익 등이 이용되며, 자기자본은 기초와 기말의 순자산액의 단순평균을 이용하는 경우가 많은데 이는 기간 중에 증자 (stock increase), 감자 (reduction of capital, stock decrease)가 있을 경우 평균잔고를 대략적으로 추정하기 위한 것이다. 기간 중에 증자/감자가 없었다면 기초잔고를 이용하여도 된다.

자기자본이익률이 높은 기업은 자본을 효율적으로 사용하여, 즉 자본 효율(capital efficiency)이 높아, 이익을 많이 내는 기업으로 주가도 높게 형성되는 바, ROE는 중요한 투자지표로 활용된다.

- 투자자 입장에서 보면 자기자본이익률이 시중금리보다 높아야 투자자금의 조달비용을 넘어서는 순이익을 낼 수 있으므로 기업투자의 의미가 있다.
- 자기자본이익률이 시중금리보다 낮으면 투자자금을 은행에 예금하는 것이 더 낫기 때문이다.

 ## ROI (Return on Investment, 투자수익률)

A profitability measure which evaluates the performance of a business by dividing net profit by net worth. ROI is the most common profitability ratio. There are several ways to determine ROI, but the most frequently used method is to divide net profit by total assets.

투자수익률의 약칭으로서 투자대상 사업의 투자액에 대한 기대이익의 정도를 표시하는 지표로써 가장 많이 사용된다.
- ROI = net profit/total asset

수익률 측정의 목적에 따라
- 순 현재 가치(net present value)
- 내적 투자수익률(internal rate of return)
- 비용과 수익의 비(benefit cost ratio) 등으로 표시된다.

또한 투자의 기간과 수익이 발생할 것으로 기대되는 전 기간을 고려하여 그 비용/예상수익의 흐름은 투자 여부를 결정하는 현재를 기준으로,

- 현재 가격으로 환산하여 현재 가격의 비용과 수익을 비교하거나,
- 혹은 비용과 수익의 현재가격을 동등하게 하는 discount rate(할인율)을 추정하는 방식으로 크게 분류할 수 있다.

기업의 객관적인 가치 평가

기업의 객관적인 가치 평가는 매우 중요하다. 특히, 기업이 상장을 하거나 상장이 되어 있을 때는 주가에 큰 영향을 끼치는 바, 더욱 더 중요하다. 기업가치 측정에는 여러가지 방법과 관련 지표들이 활용된다.

■ 시가총액(market cap) 분석

주식 시장에서 주가 총액으로 기업 가치 책정. 즉,
「주가(market price) x 주식 수(number of stocks issued) = 시가 총액(market cap)」

■ 무형자산(intangible asset) 평가 분석

기업이 보유하고 있는 brand의 가치, corporate image(기업이미지),
corporate reputation(기업 평판), patent(특허), goodwill(영업권) 등의 무형자산 평가.

■ 재무분석(financial analysis, analysis of financial statements)

재무제표분석, 경영분석이라고 하며, 기업의 재무상태 및 경영성과를 재무제표를 분석적 방법에 의하여 판단, 인식하는 방법을 말한다. 즉, 대차대조표, 손익계산서 등의 재무제표나 기타 회계자료에 표시된 숫자를 분석, 검토 및 비교하거나 재무 비율로 기업의 재무상태 및 경영성과를 과학적으로 측정하는 기법이다.

■ 비용접근법(cost approach)

현재의 회사 평가를 객관적으로 판단할 때 자주 사용되나, 이 방법으로 미래의 수익성을 평가하기는 어렵다.

■ 소득접근법(income approach, discounted cash flow)

사업의 미래를 감안하여 계산

■ 유사기업 주가 비교(market price, market approach)

동종업종에 속한 경쟁 회사의 주가를 비교하여 기업의 가치 평가
➡ ROA(return on assets: 총자산 순이익율)
➡ ROE(return on equity: 자기자본 이익률)
➡ EPS, PER
➡ BPS, PBR

■ **Payout Ratio**(배당성향, Dividend Coverage Ratio)

주주에게 배당금으로 지급되는 수익의 비율로서 회사가 내는 수익중, 얼마를 배당금으로 나눠주고 있는지 보여주는 지표로서 회사의 중요 재무지표중의 하나이다.

■ **IRR**(internal rate of return, 내부수익률)

IRR(내부수익률)은 투자로 지출되는 현금의 현재가치와 그 투자로 유입되는 미래 현금 유입금액의 현재가치가 동일하게 되는 수익률을 의미한다. 즉, 「현재 현금 투자금액 = 미래 현금 유입금액의 현재가치」를 만드는 수익률이 IRR(내부수익률)이다.

■ **DOE**(dividend on equity ratio: 주주자본배당율)

주주에게 dividend(배당금)이 얼마나 되는지를 나타내는 지수이다.
• DOE = 총 배당액/주주자본 x 100 = 배당성향 x ROE x 100 (%)

07
M&A Terms

 M&A(merger and acquisition: 기업 합병 및 인수)

Mergers & acquisitions refer to the management, financing, and strategy involved with buying, selling, and combining companies.

세상에서 가장 큰 사업은 회사를 사고 파는 것이라고 한다. 주식회사를 매수하려면 그 회사 주식을 매수하면 된다. 즉, 그 회사의 경영을 좌지우지할 수 있는 지분(equity)를 확보하면 되는 것이다. 이 M&A를 잘 활용하면 아주 적은 돈으로 우량 기업을 인수 및 합병 할 수도 있다.

예를 들어, A 회사의 발행 주식 수는 100주이다. 최대 51주를 확보한다면 A회사의 주인이 될 수 있다. 51주를 소유할 필요도 없다. 대주주가 될 수 있는 우호지분만 확보할 수 있다면, 몇 주 확보하지 않아도 회사의 주인이 될 수가 있다. 이런 판단은 그 회사의 주주 현황*을 파악한 후, 그 이상만 확보하면 되는 것이다.

> * 회사 사업 보고서에 명기되어 있는 대주주 지분은 「owner 소유 주식 %, owner 우호 지분 %, owner와 우호 지분 합계」이나, 이는 공개적으로 나타나 있는 상황이고, 어떤 특수 관계에 의한 지분 소유자가 숨어있을 수도 있다.

 Crown Jewel(크라운 주얼)

Crown jewel means the most important or valuable part of something, especially the product or part of a company, etc., that makes the most money.

M&A(merger & acquisition, 합병 및 인수) 용어로 피인수회사의 유무형 소유물중 가장 매력적인 부문을 의미한다. 일반적으로 M&A의 주요 목적은 크라운 주얼의 획득에 있으므로 표적이 되는 기업은 스스로 이를 매각하여 매력 없는 기업이 됨으로써 M&A에 대항하기도 한다.

Due Diligence(DD, 기업실사, 사전실사)

DD means reasonable steps taken by a person in order to satisfy a legal requirement, especially in buying or selling something. DD is a comprehensive appraisal of a business undertaken by a prospective buyer, especially to establish its assets and liabilities and evaluate its commercial potential.

ABC 기업을 매수하고 싶다. 그 기업의 주인이 기업의 현황을 설명하고 가격을 제시한다. 가격은 OK이나, 그 기업에 대한 설명 내용을 검증 해봐야 할 것이다. 이렇게 해당 기업의 현황을 실제 확인/검증하는 것을 「due diligence」 라고 한다.

Due diligence의 사전적 의미는 어떠한 사업에 있어 의사결정 이전에 적절한 주의를 다하고 계획을 수립하여 수행하여야 하는 주체의 책임이라고 할 수 있다. 즉 소정의 절차에 따라 행하는 조사/검증/확인 행위라고 할 수 있다.

기업실사(due diligence)란 인수, 합병 거래나 기업의 주식, 사채 등 유가증권 발행 거래에 앞서 기업의 경영상태, 자산상태, 재무적, 영업적 활동 등 전반적인 상황에 대하여 조사/검증/확인하는 활동을 의미한다.

그 주된 목적은,

■ 대상기업의 경영, 자산, 부채, 재무, 영업, 고객관계 등 일체의 상태를 조사하여 인수, 합병의 대상을 명확하게 이해함으로써, 매수인이 대상기업의 가치를 산정, 평가하여 적정한 인수가격을 정할 수 있도록 하고,

■ 법률적 위험은 최소화하고 경제적 효과는 극대화할 수 있는 거래구조를 설정할 수 있게 하며,

■ 인수, 합병 거래에서 발생할 수 있는 제반 사업적, 법률적 위험을 사전에 평가하고 이에 대한 대책을 수립할 수 있도록 하고,

■ 인수 완결 이후 대상회사의 효과적인 통합작업을 준비할 수 있도록 하기 위한 목적 등으로 이루어진다.

보통 매수인은 기업실사를 통하여 얻어진 정보를 기초로 하여 인수, 합병 이후에 발생할 수 있는 우발채무(contingent liabilities) 가능성을 확인하여 이를 인수가격에 반영하고, 본계약 체결 시 매도인에게 요구할 구체적인 진술과 보증 항목, 공개목록 항목을 정리하게 된다. 기업실사는 매수인이 법무법인, 회계법인, 컨설팅법인 등 각 자문사를 선임하여 이루어진다.

Due diligence는
- 법무법인이 담당하는 법률실사: Legal Due Diligence(LDD)
- 회계법인이 담당하는 회계실사: Finance Due Diligence(FDD)
- 세무실사: Tax Due Diligence(TDD)
- 컨설팅법인 담당 컨설팅실사: Consulting Due Diligence(CDD)
  등으로 구분되며 법률실사와 회계실사는 통상적으로 진행되고, 거래 규모에 따라 세무실사, 컨설팅실사까지 진행할 수도 있다.

한마디로, 상대방이 말한 내용의 사실 여부를 분야별로 검증/확인하는 하는 것이다. 예를 들어, 부채가 1백만원 이하라고 했는데, 인수 후 1천만원이라면 문제가 발생되니 사전에, 즉 인수 자금을 지급하기 전에 검증하는 것이다.

Golden Parachute(황금낙하산)

A golden parachute is an agreement between a company and an employee (usually upper executive) specifying that the employee will receive certain significant benefits if employment is terminated. The benefits may include severance pay, cash bonuses, stock options, or other benefits.

Golden parachute(황금낙하산)은 적대적 M&A를 방어하는 대표적인 전략으로 미국 월가에서 만들었다. 최고경영자 고용계약 시, 「해임할 때 거액의 퇴직금 지급, 주식매입권 부여, 잔여임기 동안의 상여금 지급」 등을 준다는 내용을 명시해 제3자의 기업의 인수비용을 높이는 것을 말한다.

■ 장점은 기존 경영진의 동의 없는 경영권 탈취를 저지하는 데 효과적으로 사용될 수 있음.

■ 단점은 적대적 M&A의 위험이 없는 평상시에도 임원을 해임하기가 어렵게 되어 무능한 경영진에게 과도한 혜택을 부여하는 비효율성을 초래할 수도 있다.

 ## Leveraged Buyout (LBO, 차입 매수)

A leveraged buyout (LBO) is a financial transaction in which a company is purchased with a combination of equity and debt, such that the company's cash flow is the collateral used to secure and repay the borrowed money. The term LBO is usually employed when a financial sponsor acquires a company.

기업매수를 위한 자금조달방법의 하나로서 매수할 기업의 자산을 담보로 금융기관으로부터 매수자금을 조달하는 것으로 적은 자기자본으로 매수를 실행할 수 있다. TOB(take-over bid, 주식공개매수)와는 달리 LBO는 매수회사와 피매수회사의 관계가 우호적이고 피매수회사의 경영자 등이 매수측에 가담하기도 한다.

LBO는 거액의 차입을 수반하기 때문에 기업매수후 자기자본비율이 낮아져 신용리스크가 급격히 커진다는 단점이 있다. 이 때문에 LBO의 주요 자금조달수단인 정크본드는 발행수익률이 높으며, 금융기관의 LBO 대출금리도 프라임레이트를 상회하는 고금리가 적용되는 것이 일반적이다. 이는 기업 입장에선 주가나 배당을 고려치 않고 비수익 사업부문의 매각이 가능, 과감한 경영을 할 수 있는 장점이 있다. 반대로 매수될 듯한 기업의 경영자가 LBO를 사용, 자사주를 모아 매수를 피하는 방법이 있다.

 ## Poison Pill (포이즌 필)

A poison pill is a form of defense tactic utilized by a target company to prevent or discourage attempts of a hostile takeover by an acquirer. As the name 「poison pill」 indicates, this tactic is analogous to something that is difficult to swallow or accept. A company targeted for such a takeover uses the poison pill strategy to make its shares unfavorable to the acquiring firm or individual. Poison pills significantly raise the cost of acquisitions and create big disincentives to deter such attempts completely.

적대적 기업 인수 합병(M&A)에 대한 방어전략의 일종으로 매수시도가 시작될 경우 매수 비용을 높게 만들어 매수자의 시도를 단념시키려는 각종 수단을 총칭하는 말이다. 가령 적대적인 세력이 인수작전을 펼 때 인수 대상 기업에서는 임직원의 임금을 대폭 올려 기업비용이 크게 늘어나게 하거나 신주발행이나 신주인수권 발행을 통해 기업인수 비용을 높이고 인수 세력이 주식을 매집하더라도 지분 비율을 낮출 수 있다.

그러나 인수대상 기업에서도 이에 따른 위험부담을 안아야하기 때문에 「poison pill」, 즉 「독약」이라 불리게 되는 것이다. 한편 적대적 인수세력에 대한 방어도구로 활용되었던 「poison pill」은 이제 기업의 몸값을 올리기 위한 협상 카드로 변화하고 있다. 특히 경기하락으로 주가가 대폭 떨어진 기술업체들의 경영진들은 경영권 방어를 위해 몸부림치는 대신 「poison pill」을 활용, 높은 값에 기업을 파는 전략을 구사하고 있다.

 ## Shark Repellent (샤크 리펠런트)

Shark repellent is a slang term for any one of a number of measures taken by a company to fend off an unwanted or hostile takeover attempt. In many cases, a company will make special amendments to its charter or bylaws that become active only when a takeover attempt is announced or presented to shareholders with the goal of making the takeover less attractive or profitable to the acquisitive firm. It is also known as a "porcupine provision."

기업 탈취를 예방하기 위한 전술의 일종이다. 예를 들어 회사 정관을 변경하거나 합병승인의 의결을 위해서는 75% 이상의 찬성이 필요하다는 조항을 삽입하거나 이사의 선임을 한번에 행하지 않고 1년에 몇 명씩 선임한다는 등의 규정을 마련하는 것을 말한다.

 ## TOB (takeover bid, 주식 공개 매수)

A takeover bid is a type of corporate action in which an acquiring company makes an offer to the target company's shareholders to buy the target company's shares to gain control of the business. Takeover bids can either be friendly or hostile.

주식의 공개매수는 기업인수·합병(M&A)에 의한 형태로서 회사의 지배권 획득 또는 유지·강화를 목적으로(예외적으로 상장 폐지를 목적으로 하는 경우도 있음) 주식의 매수희망자가 매수기간/가격/수량 등을 공개적으로 제시하고, 유가증권시장 밖에서 불특정다수의 주주로부터 주식을 매수하는 방법을 말한다.

이러한 주식의 공개매수는 일반적으로 대상기업의 의사와는 무관하게 이루어지는 적대적 M&A의 일종으로, 공개매수절차가 진행되는 동안 매수희망기업과 대상기업 또는 대주주 사이에 지분확보 및 경영권방어를 둘러싸고 치열한 경쟁양상을 보이기도 한다. 미국에서는 인수자측이 대상기업에 방어할 시간을 주지 않기 위해 공휴일인 토요일 저녁 황금시간대 TV를 통해 공개매수를 선언하는 경우가 많다. 이것을 「토요일 밤의 기습(Saturday Night Special)」이라 부르기도 한다.

인수 대상이 되는 기업의 주식 중에서 의결권이 부여된 주식의 일부나 전체를 공개적으로 매입함으로써 경영권을 획득하여 인수합병을 이루는 것으로, 「텐더 오퍼(tender offer)」라고도 한다. 기존 대주주나 경영진 모르게 비밀스럽게 주식을 매입하는 기업사냥의 폐해를 막기 위해 도입된 제도로 매수기업에서는 일정 동안 어느 정도 이상의 주식을 일정한 가격으로 매입하겠다는 것을 공개해야 한다.

 ## Valuation(기업가치평가)

Business valuation is a process and a set of procedures used to estimate the economic value of an owner's interest in a business. Valuation is used by financial market participants to determine the price they are willing to pay or receive to effect a sale of a business.

M&A 대상 회사의 주식, 채권, 부동산, 기계설비, 영업부문, 무형자산 등의 가치를 평가해 수치로 계량화하는 작업.

White Knight (백기사)

A white knight is a hostile takeover defense whereby a friendly individual or company that acquires a corporation at fair consideration that is on the verge of being taken over by an unfriendly bidder or acquirer, who is known as the black knight.

기업들간 적대적 인수/합병 (M&A)가 진행되는 경우, 현 경영진의 경영권 방어에 우호적인 주주를 「white knight (백기사)」라고 부른다. 적대적인 공개매수를 당하는 매수대상기업을 구해준다는 의미에서 화이트 나이트 (백기사)라는 명칭이 붙게 되었으며 반대로 적대적인 공개매수를 취하는 측을 「black knight (흑기사)」 또는 「corporate raider (기업 탈취자)」 라고 한다.

Winner's Curse (승자의 저주)

The winner's curse is a tendency for the winning bid in an auction to exceed the intrinsic value or true worth of an item. Because of incomplete information, emotions or any other number of subjective factors regarding the item being auctioned can influence bidders and give them a difficult time determining the item's true intrinsic value. As a result, the largest overestimation of an item's value ends up winning the auction.

쉽게 말해, 가치보다 높은 가격을 지불하고 인수한 상황을 의미한다. 경쟁에서 이겼음에도 불구, 이기기 위해 지나치게 큰 비용을 치러, 결국은 손해를 입거나 위험에 빠지는 경우를 의미한다. 예를 들면, 경매에서 최종입찰자가 실제의 가치보다 많은 돈을 주고 대상물을 구입하게 되거나 입찰에 필요한 가격보다 많은 가격을 주고 구입하게 되는 것을 뜻한다. 기업을 인수할 때, 산업의 변화를 인식하지 못해 사양산업 업체를 가치 보다 훨씬 높은 가격으로 인수하여, 몇 년 후 부메랑을 맞는 경우도 있다.

※ Related Terms

Term	Meaning
accumulation of capital	자본축적
acquisition	• 인수 • vertical acquisition : 제품 구성에 있어 다른 분야 간의 회사 M&A • horizontal acquisition: 제품 구성에 있어 동일 분야간의 회사 M&A
after-hours trading	시간외 거래
arbitrage pricing theory	재정 가격 결정 이론
auction market	경매 시장
average daily sales	일평균 매출액 = 연 매출액/365일
black Friday	주식시장이 폭락한 금요일 화요일에 폭락하면 black Tuesday
bond	채권 bond market: 채권 시장 bond price: 채권 가격
brokerage account	증권 계좌, 위탁매매 계정
brokerage commission	위탁수수료
cash-out	현금지불, 현금매상
cross shareholding*	상호주식보유
cumulative dividend	누적 배당
day trader	일일거래자 ☞ 선물시장 시장메이커 중의 하나로 자기의 계산으로 소위 당일거래를 행하는 자를 말한다. 각각 변화하는 가격의 추이를 보면서 빈번히 매매를 행하고, 포지션을 다음날로 미루는 일이 없다.
de factor	사실상의
decliner	하락종목, 하락주 ↔ gainer 상승주
debt	차입금 long-term debt: 장기차입금 short-term debt: 단기차입금
debenture	무담보 채권, 사채
equity	• equity investment: 주식 투자 • equity market: 주식 시장 • equity trading: 주식 매매

* Cross holding is a situation in which a publicly traded corporation owns stock of another publicly traded company. So, technically, listed corporations own securities issued by other listed corporations.

Term	Meaning
exchangeable bond	교환사채
fair market value	공정 시장 가치
financial distress	재정난
future value	미래가치, future worth 라고도 한다.
gainer	상승세 종목, 상승 종목 ↔ decliner 하락 종목
general cash offer	일반공모
holding period	보유기간 holding period return 보유기간 수익
interim dividend	중간 배당
improper trading	부당 거래
instrument	법적 서류, 증서
interest rate risk	금리 위험
investment	• investment activity: 투자 활동 • investment advisor: 투자자문사 • investment opportunity: 투자 기회 • investment bank: 투자 은행
ledger cash	원장 현금 (장부 현금: 기업의 장부에 기장된 현금잔고)
leveraged equity	레버리지드 에쿼티
line of credit, credit line	신용한도, 한도대출
liquidation	청산
long-held share	장기보유주
market	• market liquidity: 시장 유동성 • market risk: 시장 위험 • marketability: 시장성 • market value: 시장 가격 • market psychology: 시장 심리 • market timing: 시장 타이밍(매매를 반복하는 방법) • market manipulation: 시장 조작 • buyer's market: 매수자 우위 시장. 즉, 매도세보 다 매수세가 약한 상황. 반대는 seller's market 매도자 우위 시장
maturity date	만기일
minority shareholder	소액 주주
minimum trading lot	최저 거래 수량
merger	합병
morning close	전장 종가 morning trade: 전장 거래
new stock	신주

Term	Meaning
odd lot	단주
operating cash flow	영업활동 현금 흐름
opportunity cost	기회 비용, 기회 손실
ordinary share	보통주(common share)
outstanding share	발행/유통 주식
overseas investor	해외투자가
over-the-counter market (OTC market)	비상장주식의 매매거래를 위해 한국금융투자협회가 자본시장과 금융투자업에 관한 법률」에 따라 개설 운영하는 장외시장을 뜻한다.
panic selling	투매
post-bubble low	버블 붕괴후 최저가
preemption	선매: 선매권 preemptive right: 신주인수권
pre-market trading	시간 전 거래, 시간외 거래
present value	현재 가치 ↔ future value (미래 가치)
price control	가격 통제
prospectus	사업 설명서
proxy	위임장
rapid fluctuation	급등락
residual value	잔존가치
sales contract	매매계약 conditional sales contract: 조건부매매계약
securities fraud	증권 사기
securities transaction	증권 거래
sell order	매도 주문 ↔ buy order 매수 주문 selling pressure 매도 압력
share allotment	주식할당 • shareholder activism: 주주행동주의 • shareholder activist: 주주행동주의자 • share issuance: 주식 발행 • shareholder's meeting: 주주총회
sharp loss	급락
short-run operating activity	단기영업활동 short run 단기 ↔ long run 장기
short sale	공매도
standby underwriting	스탠바이 인수, 잔액 인수 ☞ 팔리지 않은 증권을 underwriter(증권인수업자)가 전액 인수한다는 계약

Term	Meaning
standard deviation	단기편차
sticker price	표시가격
stock listing	주식 상장 • stock market flotation 주식 공개 • stock certificate 주권 • stockholder's book 주주장부 • stock investment 주식 투자 • stock market 주식 시장 • unlisted stock 비상장주 • unseasoned new issue 신주 공개 • stock split 주식 분할
striking price	행사가격
subscription price	응모가격
sunk cost	매몰비용 ☞ 다시 되돌릴 수 없는 비용. 집행한 후에 발생하는 비용 중 회수할 수 없는 비용을 말하며 함몰비용이라고도 한다. 일단 지출하고 나면 회수할 수 없는 기업의 광고비용이나 R&D 비용 등이 이에 속한다
swap rate	스왑 거래시 매입가와 매도가의 이율 차이
syndicate	신디케이트
take over bid(TBO)	공개 매수
target	• target cash balance: 목표현금잔고 • target firm: 매수 대상 기업 • target payout ratio: 목표배당률
technical insolvency	기술적 지급 불능
tender offer	주식 공개 매수
trading*	• trading day: 거래일 • trading hour: 거래 시간 • trading volume: 거래량
transaction motive	거래동기
treasury stock	자사주, 금고주
treasury bill(t-bill)	미국 재무부 단기 증권
treasury bond/note	미국 재무부 채권
volatility	주가변동성
warrant	신주 인수권
weighted average	가중 평균
wholly owned subsidiary	완전 종속회사

* trading: 무역이라는 의미외 유가증권 거래 라는 의미도 많이 사용된다.

Chapter Ⅲ
Accounting

MBA English - *Basics*
Global 경영·금융·증권·회계·외환·무역·마케팅 용어집

01
GAAP (generally accepted accounting principles, 일반적으로 인정된 회계 규칙)

GAAP (generally accepted accounting principles) is a collection of commonly-followed accounting rules and standards for financial reporting. GAAP specifications include definitions of concepts and principles, as well as industry-specific rules. The purpose of GAAP is to ensure that financial reporting is transparent and consistent from one organization to another.

GAAP는 일반적으로 인정된 회계원칙 (Generally Accepted Accounting Principles) 이다. 회계 규정으로 구체적인 회계 실무 지침, 또는 실무로부터 발전되어 광범위하게 인정되는 회계 기준을 의미한다.

미국 증권위원회는 모든 상장된 회사는 GAAP (Generally Accepted Accounting Principles)을 따르도록 요구하고 있어 모든 상장회사는 발생주의를 사용하여 재무제표를 작성해야 한다.

회계거래를 표현하는 방법은 크게 현금주의 (Cash Basis)와 발생주의 (Accrual Basis)가 있다.

현금주의 (Cash Basis)

Cash Basis (현금주의)는 현금수령과 현금지급이 발생할 때 그 내용을 장부에 기입하는 방법이다. 현금주의 회계방법에서는 현금을 받았을 때 수익을 인식하고 현금을 지불하였을 때 비용을 인식한다.

➡ 현금주의 회계는 약속어음이나 미래에 현금이나 서비스를 받을 것을 기대할 경우, 예를 들어 미수금이나 미지급금에 대하여 인식하지 않는다.

➡ 현금주의 회계에서는 재고자산이 없다. 수익을 위하여 물건이나 재료를 구입했을 때 현금이 지불되었으면 직접비용으로 계산된다.

➡ 현금주의는 간단하고 비용이 적게 드는 장점이 있으나, 미수금이나 미지급금을 인식하지 않기 때문에 손익을 정확히 계산하는데 쉽지 않다.

발생주의(Accrual Basis)

회계기준은 수익은 수익이 발생하였을 때(earned) 인식하고, 비용은 비용이 발생하였을 때(incurred) 인식한다. 수익, 비용의 발생 시점과 실제 현금의 흐름 사이의 차이를 기록하는데 이를 기록하기 위해서는 추가적인 계정이 만들어져야 한다.

➡ 물품을 판매하고 현금을 받기 전에 수익이 인식되어지면 외상 매출금(Accounts Receivable)과 같이 미수 수익계정(Accrued Revenue Account)에 기록된다. 물품대금을 받은 후에 수익이 인식이 되면 외상매출금이 없어지고 현금이 입금 처리된다.

➡ 물품을 매입하고 물품대금을 추후 지불하기로 하면 외상매입금(Accounts Payable)과 같이 발생비용계정에 기록된다. 현금이 지불되고 난후 비용이 인식되면 외상매입금은 사라지며, 현금이 출금된다.

02
Accounting Terms(회계용어)

 자산(Asset)

Something valuable that an entity owns, benefits from, or has use of, in generating income.

경제적/재산적 가치가 있는 것을 asset(자산)이라고 한다. 자산은
- 유동자산(current asset): 1년 이내에 현금화되는 자산
- 비유동자산(non-current asset): 현금화에 1년 이상 소요되는 자산으로 대별된다.

➡ Current asset(유동자산)은 「현금 및 현금성 자산(3개월 이내 현금화 가능 자산)」, 단기금융자산, 매출채권, 재고 자산*, 기타유동자산으로 분류된다.
  * Inventories(재고 자산)은 상품, 제품, 반제품, 재공품, 원재료등을 의미한다.

➡ Non-current asset(비유동자산)은 유형자산(토지, 건물, 비품 등), 무형자산(영업권, 광업권, 산업재산권 등), 투자자산(관계기업 투자, 부동산 투자 등), 기타비유동성자산으로 분류된다.

 부채(Liabilities)

Liabilities are what you owe other parties.

남에게 빌린 돈으로 대차대조표의 대변(credit)에 계상된다.
➡ 차변은 debit이라고 하며,
➡ 어떤 수익이나 경비가 발생하여 회계상 기록하는 것을 기장(bookkeeping) 한다고 한다.

- **financial liabilities**(금융부채)
  금융자산(financial asset)의 반대 개념으로 거래 상대방에게 현금등 금융자산을 부채로 교환하기로 한 계약 의무

■ **provision**(충당 부채)
확정된 것은 아니지만 부채가 될 것으로 신뢰성 있게 추정되는 금액

자본 (Capital)

Money and possessions, especially a large amount of money used for producing more wealth or for starting a new business.

재화와 용역의 생산에 사용되는 자산을 자본이라 한다. 회계분야에서는 자본을 자산/부채와 대조되는 개념으로, 기업의 총자산 가치액에서 총부채액을 차감한 잔액으로 자본금과 잉여금을 의미한다.

➡ capital (자본) = capital stock (자본금) + retained earnings (잉여금)

자본금 (Capital Stock, Equity Stock)*

Capital stock is the number of shares that a company is authorized to issue, according to its corporate charter.

자본금은 사업 밑천을 의미한다. 회사의 소유자 또는 소유자라고 생각되는 자가 회사 설립을 위해 회사에 투자한 금액으로 납입자본금 (paid-in capital)이라고도 한다.

* capital adjustment (자본조정): 자본금, 자본잉여금에 속하지 않는 임시적인 자본 항목

자본잠식 (Impaired Capital, Impairment of Capital)

A company has impaired capital when the aggregate amount of its capital is less than the par value of its shares outstanding.

회사의 누적 적자폭이 커져서 잉여금이 바닥나고 납입자본금 (paid-in capital)까지 잠식되기 시작한 상태를 말한다.

■ 자본잠식율 = (자본금 - 자본총계*)/자본금 × 100

    * 자본총계 = 자본금 + 이익잉여금 + 자본초과금 + 기타 자본항목

➡ Case 1: 자본총계 자체는 마이너스가 아니나, 자본총계가 자본금보다 작으면 자본 부분
      잠식
➡ Case 2: 자본총계 자체가 마이너스이면 자본 완전 잠식

(Unit: US$)

항목	Case 1	Case 2
자본금	1,000	1,000
자본잉여금	500	500
이익잉여금(결손금)	(1,100)	(1,700)
자본총계	400	(200)
자본잠식율	자본 부분 잠식	자본 완전 잠식

 ## 직접원가(direct cost) vs. 간접원가(indirect cost)

특정 제품의 제조 또는 판매와 직접적으로 관련된 원가를 direct cost(직접원가라)하며, 특
정제품과 더불어 다른 제품에도 공통으로 관련된 원가를 indirect cost(간접원가)라고 한다.

 ## 손익분기점(break-even point)

In accounting, the break-even point refers to the revenues necessary to cover a
company's total amount of fixed and variable expenses during a specified period of
time.

손익이 0이 되는 시점. 원가(cost), 생산량(volume)을 바탕으로 이익(profit)을 산출한다는
관점에서 CVP(cost-volume-profit) 분석이라고 칭하기도 한다.
➡ break-even chart = CVP chart
➡ 손익분기점 매출액 = 고정비 / (1 - 변동비/매출액)

감가상각(depreciation, amortization, depletion)

Depreciation is to allocate the cost of a tangible or physical asset over its useful life or life expectancy. Depreciation represents how much of an asset's value has been used up.

건물, 기계, 설비 등 고정자산은 내용연수, 즉 사용 가능하다고 합리적으로 인정하는 연수가 있다. 기업의 수익활동에 계속 사용되는 결과, 시일의 경과에 따라 그 자본가치가 점점 소모되므로 그 소모되는 가치는 그에 해당하는 부분만큼 매 영업 연도의 비용으로 계산하여야 한다. 이와 같이 고정자산에 투하된 자본가치를 유지하고 이것을 일정한 유효기간 내에 회수하는 회계절차를 「감가상각」이라 한다. 이 같은 감가상각을 위해 적립 충당하는 자금을 「감가상각충당금」이라 한다.

■ 감가상각에는 정액법(fixed installment method = straight line method, 직선법)과 정률법(fixed percentage method)이 있다.

➡ 정액법은 매년 동일한 금액을 감가상각하는 것이다. 즉, 1억짜리 기계를 내용연수를 5년으로 하면, 1억/5년 = 2천만원/년 으로 매년 2천만원씩 감가상각하는 것이다. 2000/1/1일 기계를 1억에 구입했으면, 2001/1/1의 기계 잔존가격은 8천만원이 되는 것이다.

➡ 정률법은 잔존 가격에 일정 비율을 곱하여 산정하며, 따라서. 첫해년도의 감가상각금액이 가장 크다. 일정비율은 다음과 같이 계산한다.

$$r = 1 - \sqrt[n]{\frac{S}{C}}$$, s: 잔존가치, c: 취득원가, n: 내용연수

■ 미국에서는 감가상각이라는 단어로 depreciation, amortization, depletion을 사용하며.
➡ depreciation은 tangible asset(유형자산)의 감가상각
➡ amortization은 intangible asset(무형자산)의 감가상각
➡ depletion은 천연자원의 감가상각에 사용된다.

• service life(useful life, 내용연수)
자산의 사용 가능 기간

- residual value (잔존가치)
  내용연수 만료까지의 남은 가치. 예를 들어, 10억원짜리 자산을 정액법으로 5년 감가상
  각한다면 2년 지난 후 잔존가치는?
  10억 - (10억/5년 × 2년) = 6억이다.

 제품 판매 및 재고 관련 용어

- FIFO (first-in, first-out, 선입선출법)
  먼저 매입한 제품이 먼저 판매되는 것으로 가정

- LIFO (last-in, first-out, 후입선출법)
  나중에 매입한 제품이 먼저 판매되는 것으로 가정

- weighted average method (가중평균법)
  기초재고자산과 당기에 매입한 재고자산의 원가를 가중 평균하여 단위 원가 결정

- aging schedule (연령/연한 분석표)
  오래된 순서로 만든 표. 예를 들어, AR (외상매출금)을 발생된 일자별로 정리하는 것.
  오래될수록 위험이 증가하는 것이 일반적이다.

- trial balance (시산표)
  기초잔액에 기중에 발생한 모든 거래를 반영하여 모든 계정과목과 금액을 하나로 만든
  표로 원장부기의 계산이 틀림이 없는지를 검사하기 위한 표이다.

- trend analysis (추세분석)
  일정기간동안 재무제표 자료의 변화 추세를 분석하는 방법

03
Financial Statement(재무제표)

Financial statements show the business activities and the financial performance of a company. Financial statements are audited by government agencies, accounting firms, and so on for accuracy, tax, financing, or investing purposes. The below are major financial statements.

재무제표는 회사의 비즈니스 활동 및 재무성과를 보여주며, 회계의 정확성, 세금, 자금 조달 또는 투자 목적을 위해 정부 기관, 회계회사 등이 재무제표를 감사(audit)한다. 주요 재무제표는 다음과 같다. 적어도 income statement 와 balance sheet는 이해할 수 있어야 한다.

- Income statement(손익계산서)
- Balance sheet(대차대조표)
- Cash flow statement(현금흐름표)

A. 손익계산서 (Income statement, Profit & Loss Statement)

An income statement is a financial statement that provides a clear record of the profits arising from an activity over a particular period of time and the revenues* and expenses which caused them. Once expenses are subtracted from revenues, the statement produces a company's net income.

    * 매출: sales, sales revenue, revenue 등으로 표시한다.

손익계산서는 일정기간 동안 기업이 어떤 활동을 통하여 발생된 이익과 그 이익을 발생하게 한 수익과 비용을 알기 쉽게 기록한 재무제표를 말한다. 매출에서 비용을 차감하면 회사의 순이익이 산출된다.

B. 대차대조표 (Balance Sheet)

The balance sheet provides an overview of assets, liabilities, and stockholders' equity as a snapshot at a particular point in time. In other words, the balance sheet illustrates the net worth of any business.

대차대조표란 일정 시점에 기업이 보유하고 있는 자산 상태, 부채, 주주 지분 내역을 보여주는 재산목록표를 말한다. 다른 말로 하면, 대차대조표는 사업의 순가치를 설명하는 것이다.

기업의 자산은 자기자본과 타인자본(부채)으로 구성되어 있으며, 이러한 자산을 취득 또는 보유하기 위하여 조달한 자금이 자기자금인지, 남으로부터 빌린 타인자본인지를 일정한 형식으로 표시한 것이 대차대조표다.

 ## C. 현금흐름표 (Statement of Cash Flow, Cash Flow Statement)

In financial accounting, statement of cash flows, is a financial statement that shows how changes in balance sheet accounts and income affect cash and cash equivalents, and breaks the analysis down to operating, investing, and financing activities.

재무 회계에서 현금 흐름표는 대차 대조표 계정과 수입의 변화가 현금 및 현금성 자산에 미치는 영향을 보여주는 재무 제표로, 수입과 지출을 크게 영업활동, 재무활동, 투자활동으로 구분한다. 쉽게 말하자면, 현금 자체의 흐름을 나타낸 것으로 생각하면 된다.

04
Income Statement(손익계산서)의 의미와 서식

■ 매출(sales)은 기업의 영업 활동으로 상품 등의 판매 또는 용역의 제공으로 실현된 영업 수익 금액을 말한다.

■ 매출원가(cost of sales)란 영업 수익을 시현하기 위해 투입된 비용을 의미한다. 예를 들어 TV를 생산하기 위해 투입된 부품의 매입에 지출된 금액이 매출원가에 포함된다.

■ 매출(sales)에서 매출원가(cost of sales)를 차감한 것을 매출총이익(gross profit)이라고 한다.

■ 판매관리비(Selling and General Administrative Expenses, S&GA)는 판관비라고도 하며, 제품, 상품의 판매활동과 기업의 관리활동에서 발생하는 비용을 의미한다. 즉, 급여, 복리 후생비, 광고비, 접대비등 매출원가에 속하지 않는 모든 영업비용을 지칭한다.

■ 매출총이익(gross profit)에서 판관비(S&GA, Selling and General Administrative Expenses)를 차감한 것이 영업이익(operating income)이다.

■ 기업은 영업 활동이외의 이익을 시현할 수 있다. 예를 들어, 은행에 예금을 예치해서 받는 이자는 영업외이익(non-operating income)이다. 반대로, 은행에서 대출을 일으켜 대출금에 대한 이자를 지불한다면 그 이자를 영업외비용(non-operating expense)이라고 한다.
➡ current income(경상이익) = 영업이익 + 영업외 이익 - 영업외 비용

■ 기업들의 일상적 경영행위가 아닌 사유로 이익을 봤을 경우 특별이익(extraordinary gains), 반대의 경우가 특별손실(extraordinary gains)이라고 한다. 예를 들어, 부동산을 1억원에 취득했는데, 2년있다 3억원에 매각하였다면, 2억원(= 3억 - 1억)이 특별이익이다.

■ 경상이익 (current income)에 특별이익 (extraordinary gains)을 더하고 특별손실 (extraordinary loss)을 차감하면 당기순이익 (income before tax)가 된다. 이 당기순이익에서 법인세 (corporate tax)를 차감하면 세후순이익 (income after tax)가 된다.

➡ income before tax (당기순이익)

= current income (경상이익) + extraordinary gains (특별이익) - extraordinary loss (특별손실)

| Income Statement(손익계산서) |

수식	항목	영문 표기
	매출액	Sales, Revenue, Gross Sales, Sales Revenue
-	매출원가	Cost of Sales
	매출총이익	Gross Profit
-	판매관리비	Selling and General Administrative Expenses (= S&GA)
	영업이익	Operating Income
+	영업외이익	Non-operating Income
-	영업외비용	Non-operating Expense
	경상이익	Current Income, Ordinary Income
+	특별이익	Special Gains, Extraordinary gains
-	특별손실	Special Losses, Extraordinary gains
	(세전) 당기순이익	Income before tax
-	법인세	Corporate Tax
	(세후) 당기순이익	Income after tax

※ 손익계산서 작성 방법

ABC 회사의 2018년 매출액은 100억원, 매출원가는 80억원, 판매관리비는 5억원, 영업외이익은 2억원, 영업외비용은 1억원, 특별이익은 3억원, 특별손실은 2억원이며, 법인세율은 22% 이다. ABC 회사는 납부하여야 되는 법인세 금액은 얼마인가?

➡ 손익계산서 식에 대입하면, 세전당기순이익이 17억원인 바, 납부할 법인세는 17억원 × 22% = 3억 74백만원이다.

(단위: 백만원)

수식	Item	금액	항목
	Sales	10,000	매출액
-	Cost of Sales	8,000	매출원가
	Sales Profit	2,000	매출총이익
-	S&GA	500	판매관리비
	Operating Income	1,500	영업이익
+	Non-operating Income	200	영업외이익
-	Non-operating Expense	100	영업외비용
	Current Income, Ordinary Income	1,600	경상이익
+	Special Gains, Extraordinary gains	300	특별이익
-	Special Losses, Extraordinary gains	200	특별손실
	Income before tax	1,700	(세전) 당기순이익
-	Corporate Tax	374	법인세*
	Income after tax	1,326	(세후) 당기순이익

* 법인세율을 22%로 가정
 • 법인세= 세전 당기순이익×법인세율

■ 손익계산서 예

제 50 기 2018.01.01 부터　2018.12.31 까지
제 49 기 2017.01.01 부터　2017.12.31 까지
제 48 기 2016.01.01 부터　2016.12.31 까지

(단위: 백만원)

	제 50 기	제 49 기	제 48 기
수익(매출액)	170,381,870	161,915,007	133,947,204
매출원가	101,666,506	101,399,657	97,290,644
매출총이익	68,715,364	60,515,350	36,656,560
판매비와관리비	25,015,913	25,658,259	23,009,124
영업이익(손실)	43,699,451	34,857,091	13,647,436
기타수익	972,145	2,767,967	2,185,600
기타비용	504,562	1,065,014	1,289,594
금융수익	3,737,494	4,075,602	5,803,751
금융비용	3,505,673	4,102,094	5,622,119
법인세비용차감전순이익(손실)	44,398,855	36,533,552	14,725,074
법인세비용	11,583,728	7,732,715	3,145,325
계속영업이익(손실)	32,815,127	28,800,837	11,579,749
당기순이익(손실)	32,815,127	28,800,837	11,579,749
주당이익			
기본주당이익(손실) (원)	4,830	4,178	1,632
희석주당이익(손실) (원)	4,830	4,178	1,632

05
Balance Sheet(대차대조표)의 의미와 서식

Balance Sheet(대차대조표)란 특정 시점의 재무 상태를 나타내는 회계보고서로, 기업이 특정 시점에서 회사를 설립/운영하기 위하여 주주들은 얼마를 투자하였으며, 회사는 자금을 어디서 얼마나 조달하여 어떻게 투자하였고 회사가 갚아야 할 부채는 얼마이며, 부채상환을 위하여 현금으로 조달할 수 있는 자산은 충분한지, 투자 후 얼마의 이익을 냈는지 등의 정보를 보여준다. 즉, 다음 사항을 보여주는 재무제표이다.

- 기업의 총자산 규모
- 기업의 안정성
- 기업의 재무구조 건정성
- 기업의 유동성

■ 기업의 재무구조 평가는 2가지 지표가 대표적으로 사용된다.
- debt ratio(부채비율) = 부채(타인자본)/자본(자기자본) × 100
- current ratio(유동비율) = 유동자산/유동부채 × 100
  ➡ 단기채무 지급에 충당 할 수 있는 유동자산의 비율

■ 기업의 수익률 계산
- 자기자본 이익률(ROE) = 당기순이익/자기자본
- 총자산 이익률(ROA) = 당기순이익/총자산

대차대조표의 구성

대차대조표는 일정 시점의 재무 상태를 나타내는 보고서로서 기업이 특정시점 기준으로 자금을 어디에서 얼마나 조달하여 어떻게 투자하였는가를 보여준다. 「자산 = 부채 + 자본」이라는 회계의 기본 형식을 갖고 있으며, 「총자산(자산총계)의 합계」는 항상 「총부채(부채총계)와 총자본(자본총계)의 합계액」과 정확하게 일치한다.

➡ 대차대조표는 차변(debit)과 대변(credit)으로 구성되어 있으며
➡ Debit(차변)에 명기되는 자산은 자금이 어떻게 사용되고 얼마나 남아 있는지를 보여주며
➡ Credit(대변)에 명기되는 부채와 자본항목은 자금의 조달 방법을 보여준다.

자산 (asset)

자산이란 재산과 비슷한 개념이다. 즉, 개인의 재산이 현금, 예금, 주식,자동차, 토지, 집 등과 같은 각종 유형, 무형의 법적 권리와 물건을 의미한다면, 기업의 자산이란 해당 기업이 소유하고 있는 각종 유형/무형의 법적권리와 물건을 의미한다.

기업의 자산은 대차대조표를 작성하는 시점을 기준으로 1년 이내에 현금화가 가능한지 여부에 따라 current asset(유동자산) 과 non-current asset(비유동자산)으로 구분된다.

■ 유동자산(current asset, liquid asset)
1년 이내에 현금화가 가능한 asset(자산)으로 현금/유가증권/매출채권과 같은 Quick asset(당좌자산) 과 제조/판매용 Inventories(재고자산) 등

- Quick ratio(당좌비율, acid test ratio)
  = *Quick asset (당좌자산)/current liabilities (유동부채) × 100*
  ☞ 유동자산이 장기간 판매되지 않을 수도 있기 때문에 즉시 현금화 가능한 당좌자산 비율로 기업의 단기 채무 능력을 보여준다. 산성 시험비율(acid test ratio) 이라고도 한다.

■ 비유동자산(non-current asset)
1년 이후에 현금화가 가능한 자산으로 장기투자자산, 토지, 건물과 같은 유형자산, 기업이 소유하고 있는 무형자산 등

- 투자자산: 기업이 투자 목적으로 보유하는 자산으로 투자유가증권 및 시설투자에 의해 생긴 건물, 기계, 토지, 정기예금, 금전신탁 등을 의미
- 유형자산: 영업 용도의 유형의 자산, 토지, 건물, 선박 등
- 무형자산: 법률상의 특허권이나 영업권 같은 형태가 없는 무형의 자산. 지상권, 상표권, 상호권 등

부채 (liabilities)

기업이 타인으로부터 빌려서 조달한 자금을 부채라고 한다. 즉, 부채란 기업이 현재 또는 미래에 기업의 자산을 통하여 타인에게 지급해야 하는 채무를 말한다. 부채 역시 결산일로부터 1년 이내에 상환해야 하는가의 여부에 따라 유동부채와 고정부채로 구분된다.

■ **유동부채**(current liabilities)

　1년 이내에 상환해야 하는 외상매입금, 단기차입금, 만기가 1년 미만으로 남은 장기부채 등

■ **고정부채**(fixed liabilities)

　1년 이후에 상환하는 장기차입금 등의 부채

자본 (capital)

주주가 회사에 투자함으로써 조달된 자금을 자본이라고 한다. 그리고 과거 기업의 활동에 따라 벌어들인 이익 중 배당 등으로 사외에 유출되지 않고 내부에 축적된 잉여금도 자본에 포함된다. 기업이 소유하고 있는 총 자산에서 총부채를 제외하면 자본이 되기 때문에, 자본은 순자산 또는 자기자본이라고도 한다. 경영분석에서 자주 사용되는 총자본은 부채와 자본을 합한 금액, 즉 총자산을 말한다. 기업의 부채비율은 부채를 자기자본에 대비하여 계산한 비율이다.

■ **자본금**(capital stocks)

　소유주나 주주들이 기업에 투자한 원금

■ **자본잉여금**(capital surplus) **vs. 이익잉여금**(retained earnings)

- 자본잉여금은 자본거래에 의해 발생한 잉여금으로 주식발행 초과금*, 합병차익, 감자차익, 기타 자본잉여금 등

  * 주식발행 초과금(premium on common stock, paid-in capital in excess of par value) 은 주식의 발행가액이 액면가액을 초과할 경우, 그 초과액으로 자본잉여금에 속한다. 즉 액면가 500원 주식을 1만원으로 발행, 판매한다면 주당 9,500원의 주식발행초과금이 창출되는 것이다.
     - 주식발행 초과금 = 발행가 - 액면가

- 이익잉여금은 영업활동에 의해 발생한 이익 중 배당하지 않고 내부에 유보한 잉여금으로 이익준비금, 기타 법정 적립금, 임의적립금, 차기이월 이익잉여금 등

| Balance Sheet - 대차대조표 |

항목	영문	비고
자산	assets	
유동자산	current assets	
현금 및 현금성 자산	cash and cash equivalents	
단기금융상품	short term investments	
매출채권	marketable securities	시장 매매 가능한 유가증권
미수금	accounts receivables	
선급금	pre-payments	
선급비용	pre-paid expense	
재고자산	inventories	
기타유동자산	other current assets	
비유동 자산	non-current assets	
유형자산	tangible assets	
무형자산	intangible assets	
장기선급비용	long-term investments	
자산총계	Total assets	
부채	Liabilities	
유동부채	Current Liabilities	
매입채무	account payable	
단기차입금	short-term debt	
미지급금	notes payable	
선수금	advance payment	
예수금	deposit	
미지급 비용	accrued expense	이미 제공받은 용역에 대한 비용을 미지급한 것
미지급 법인세	deferred income tax	
유동성 장기부채	long-term debt	
충당부채	provisions, estimated liabilities	지출의 시기 또는 금액이 불확실한 부채
기타유동부채	other current liabilities	
비유동부채	Non-current Liabilities	
사채	corporate bond	
장기미지급금	long-term payable	
장기충당부채	long-term provisions	
기타유동부채	other current liabilities	
부채총계	Total Liabilities	
자본	capital	
자본금	capital stocks	
우선주 자본금	preferred stock	
보통주 자본금	common stock	
주식발행초과금	capital surplus	
이익잉여금	retained earnings	
기타자본항목	other equity	
자본총계	total equity	
자본과 부채 총계	Total liabilities & shareholder's equity	

■ 대차대조표 예

제 50기: 2018. 12. 31일 현재
제 49기: 2017. 12. 31일 현재
제 48기: 2016. 12. 31일 현재

	제 50 기	제 49 기	제 48 기
자산			
유동자산	80,039,455	70,155,189	69,981,128
현금및현금성자산	2,607,957	2,763,768	3,778,371
단기금융상품	34,113,871	25,510,064	30,170,656
매출채권	24,933,267	27,881,777	23,514,012
미수금	1,515,079	2,201,402	2,319,782
선급금	807,262	1,097,598	814,300
선급비용	2,230,628	2,281,179	2,375,520
재고자산	12,440,951	7,837,144	5,981,634
기타유동자산	1,390,440	582,257	1,026,853
비유동자산	140,087,880	128,086,171	104,821,831
장기매도가능금융자산		973,353	913,989
종속/관계기업 및 공동기업 투자	55,959,745	55,671,759	48,743,079
유형자산	70,602,493	62,816,961	47,228,830
무형자산	2,901,476	2,827,035	2,891,844
장기선급비용	4,108,410	3,031,327	3,507,399
순확정급여자산	562,356	811,210	557,091
이연법인세자산	654,456	586,161	110,239
기타비유동자산	3,086,988	1,368,365	869,360
자산총계	219,021,357	198,241,360	174,802,959
부채			
유동부채	43,145,053	44,495,084	34,076,122
매입채무	7,315,631	6,398,629	6,162,650
단기차입금	10,353,873	12,229,701	9,061,167
미지급금	8,385,752	9,598,654	7,635,740
선수금	214,615	214,007	200,445
예수금	572,702	500,740	389,528
미지급비용	6,129,837	6,657,674	6,284,646
미지급법인세	7,925,887	6,565,781	2,055,829
유동성장기부채	5,440	5,201	5,854
충당부채	2,135,314	2,273,688	2,221,717
기타유동부채	106,002	51,009	58,546
비유동부채	2,888,179	2,176,501	3,180,075
사채	43,516	46,808	58,542
장기미지급금	2,472,416	1,750,379	2,808,460
장기충당부채	372,247	379,324	313,037
부채총계	46,033,232	46,671,585	37,256,197
자본			
자본금	897,514	897,514	897,514
우선주자본금	119,467	119,467	119,467
보통주자본금	778,047	778,047	778,047
주식발행초과금	4,403,893	4,403,893	4,403,893
이익잉여금	166,555,532	150,928,724	140,747,574
기타자본항목	1,131,186	(4,660,356)	(8,502,219)
자본총계	172,988,125	151,569,775	137,546,762
자본과 부채 총계	219,021,357	198,241,360	174,802,959

06
EBIT, EBITDA

■ EBIT는 earning before income tax의 약자로서 「이자 및 법인세 차감전 순이익」이며,

■ EBITDA는 earning before interest, tax, depreciation, amortization 의 약자로 기업이 영업활동으로 벌어들인 현금창출 능력을 나타내는 지표이다.

➡ EBITDA = 「이자 및 법인세 차감전 순이익 + 감가상각비 + 무형자산 상각비」

➡ EBITDA는 이자비용과 세금을 이익에서 차감하기 전인 바, 자기자본(owner's capital)과 타인자본(borrowed capital)에 대한 기업의 실질이익창출을 포함하며, 현금지출이 없는 비용인 감가상각비와 기타 상각비를 비용에서 제외함으로 기업이 영업활동을 통해 벌어들이는 현금창출 능력을 보여준다.

➡ 따라서 EBITDA는 수익성을 나타내는 지표로, 기업의 실제 가치를 평가하는 중요한 지표로 활용된다.

➡ 또한 각국은 법인세율과 세제에 차이가 있는 바, EBITDA는 순이익이 상이하게 계산되는 이러한 요인을 제거한 후, 기업의 수익창출 능력을 비교할 수 있는 지표로 널리 활용된다.

07
Retained Earnings(잉여금)

Retained Earnings은 대차대조표의 「이익잉여금과 자본잉여금을 합한 것」으로 잉여금으로 번역된다.

- 이익잉여금은 기업이 벌어들인 이익에서 배당 등을 하고 남은 금액
- 자본잉여금은 주식발행초과금등 자본거래에서 생긴 차익.

하지만, Retained Earnings을 사내유보금으로 번역하기도 하여, 이 말은 회계에 문외한인 분들에게 상당한 오해를 유발하기도 한다. 마치 한국말 그대로 받아들이면 「사내 금고에 현금을 쌓아둔 것」 같은 큰 오해를 유발하기도 하나, 이는 완전히 잘못된 이해이다.

즉, 사내유보금은 회계상 개념일 뿐, 기업이 회사 금고에 '쌓아둔 현금'이 아니다. 사내유보금, 즉, 잉여금의 상당 부분은 이미 투자 등 경영 활동에 사용되고 있어, 실제적인 현금 잔고는 그렇지 않으나, 회계상 장부에서의 잉여금 계산에 불과하다. 즉, 장부상의 금액이 현금으로 남아 있는 것이 아니다.

- 유보율(reserve ratio) = (이익잉여금+자본잉여금) / 납입자본금 × 100

  ➡ 납입자본금 1억, 이익잉여금 10억, 자본 잉여금 5억 일 경우
  유보율은 (10억 + 5억) / 1억 × 100 = 1,500%이다.
  일반인은 이 회사에 자본금의 15배나 되는 현금이 유보되어 있는 것으로 간주할 수도 있으나, 실제로는 그렇지 않다. 이 잉여금의 상당 부분은 이미 재투자되어 있는 상황이 일반적이다.

  ➡ 한편, 주주에 대한 배당금, 임원 상여금, 세금 등의 지불을 사외유출이라고 한다.

08
주요 재무 비율

■ 여러 가지 재무비율이 있지만 ROA(return on assets, 총자산 이익률) 과 ROE(return on equity, 자기자본 이익률)가 대표적인 지표로 해당 기업의 재무/영업 상황을 상당히 파악할 수 있다.

➡ ROA는 「기업의 자산 대비 이익이 어느 정도」 인지를 보여주는 지표, 즉, 기업이 보유하고 있는 총자산으로 수익을 얼마나 시현하는지를 보여주는 수익성 지표이자 경영진의 능력을 보여주는 지표이다.

➡ ROE는 「기업에 투입된 자기자본대비 이익이 어느 정도」 인지를 보여주는 지표, 즉, 기업의 총자산에서 부채를 제외한 자기자본으로만 수익이 얼마나 창출되는지를 보여주는 경영지표이다.

➡ 총자산 = 자기자본 + 부채
  Total Asset = Shareholder's equity + Liabilities
  이 식의 의미는 만약 부채가 전혀 없다면, ROA = ROE가 된다.

예시보기

각종 지표 계산

ABC 회사의 Total asset은 $100, Liabilities $50, Shareholder's equity $50, net profit $10 일 경우, ROA와 ROE는 얼마인가?

- ROA = net profit/total asset = $10/$100* = 10%
- ROE = net profit/shareholder's equity = $10/$50 = 20%

  * 미국으로 가정하고 $로 명기하였으나, 정식으로는 US$ 또는 USD로 명기하여야 한다. $라고 하면, 미국, 캐나다, 호주, 홍콩 등등이 있어 확실하지 않다. 그리고 통화 표시와 숫자 사이에 빈 칸을 주어서는 안되며, 반드시 붙여서 명기하여야 한다. 즉, US$10, ¥200 등등으로 명기한다.

■ ROA, ROE, 이 두가지 지표를 동시에 봐야 하는 이유는, 기업은 부채를 갖고 있으며, 「자산 = 부채 + 자기자본」 인 바, 「자산을 늘리는 방법은 부채를 늘리거나 자기자본을 늘리면 가능하다.」 따라서, 부채를 늘려 자산을 증가시켜 얻는 이익과 순수 자기자본으로 얻는 이익은 차이가 있다.

➡ 만약 ROA(return on assets, 총자산 이익률)가 산업 평균보다 높으며, 부채비율이 회사의 존속에 부담을 주는 수준이 아니라면, 높은 ROE(return on equity, 자기자본 이익률)는 경영진들이 자기자본을 효율적으로 사용하여 수익을 창출하고 있는 것으로 간주할 수 있으며,

➡ 반대로 ROA가 산업 평균보다 낮고, 회사가 부채비율이 높다면, 높은 ROA는 투자자에게 회사의 수익에 대한 오해를 야기할 수도 있다.

재무 비율	의미
• 총자산 순이익률* = 순이익/총자산 × 100 ROA(return on asset) = net profit/total asset x 100	회사의 총자산으로 얻는 순이익이 얼마인지를 보여주는 지표
• 자기자본 순이익률 = 순이익/자가자본 × 100 ROE(return on equity) = net profit/owner's capital x 100	회사의 자기자본(= 총자산 - 부채) 으로 얻는 순이익이 얼마인지를 보여주는 지표
• 매출액 총이익률 = 매출총이익/매출액 × 100 gross profit to sales = gross profit/sales x 100	매출액대비 매출 이익이 얼마인지 보여주는 지표 ➡ 매출액 총이익율이 높다는 것은 매출액에서 매출원가의 비중이 낮은 것임.
• 매출액 영업이익률 = 영업이익/매출액 × 100 operating income to sales = gross profit/sales x 100	매출액대비 영업 이익이 얼마인지 보여주는 지표
• 매출액 순이익률 = 순이익/매출액 × 100 net profit to sales = net profit/sales x 100	매출액대비 순이익이 얼마인지 보여주는 지표 ➡ 매출액 순이익율이 높다는 것은 회사가 기술력/판매력이 있으며, 경영효율화가 큰 기업을 의미한다.

* 순이익 대신 영업이익을 대입하면 「총자산 영업이익률」 순이익 대신 경상이익을 대입하면 「총자산 경상이익률」 이 된다.

※ Related Terms

Term	Meaning
accounts receivable turnover	매출 채권 회전율
advance commitment	선행약정
appraisal right	주식 매수 청구권
balloon payment	만기 일시 상환
beta(β) coefficient*	베타 계수
call	• call option: 콜 옵션, 매수 옵션 • call premium: 콜 프리미엄 • call price of a bond: 채권 콜 가격
collateral	담보
diversifiable risk **	분산 가능 위험
equity beta	자본 베타
floating-rate bond	금리변동부 사채
growth stock portofolio	성장주 포트폴리오
inside information	내부정보
insider stock trading	내부자 거래
internal financing	내부 금융
inventory loan	재고자산 담보대출
inventory turnover	재고자산회전율 ***
liberalization of the capital market	자본의 자유화
margin buying	신용매수
margin trade/trading	증거금 거래
market portfolio	시장포트폴리오

* 개별증권 또는 포트폴리오의 수익이 전체 증권시장 움직임에 대해 얼마나 민감하게 반응해 변동하는 지를 보여주는 수치이다. 종합지수가 1% 변할 때 개별주가지수가 몇 % 변하는가를 나타낸다. 즉 베타계수가 1인 종목의 주가는 종합주가 지수와 거의 동일한 움직임을 보이고 1보다 큰 것은 시장수익률의 변동보다 더 민감하게 반응한다는 것이다.

** Diversifiable risk is the simple risk which is specific to a particular security or sector so its impact on a diversified portfolio is limited. An example of a diversifiable risk is the risk that a particular company will lose market share. The diversifiable risk is the risk that can be "washed out" by diversification and the non-diversifiable risk is the risk which cannot be diversified. Risk of an investment asset(bond, real estate, share/stock, etc.) that cannot be reduced or eliminated by adding that asset to a diversified investment portfolio. Market or systemic risks are non-diversifiable risks.

*** 회사가 당기 중에 몇 번이나 재고자산을 매입/생산하여 판매한지를 보여주는 지표

Term	Meaning
market price	시장가격
modified capitalism	수정자본주의
Monte Carlo simulation *	몬테카를로 시뮬레이션: 가능성있는 시나리오를 제시하는 시뮬레이션
multiple rate of return	복합수익률
non-cash item	비현금 항목
operating lease	운용리스
private sector	민간부문
real estate investment trust	부동산 투자신탁(REIT)
retail investor	개인투자자
sale and lease-back	세일 앤 리스백, 매각후 리스
seniority	서열, 지급순위
separation principle	분리원칙
shelf life	보전 기관, 제품의 수명
shelf registration **	일괄 신고, 일괄 등록
side effect	부작용
soft landing	경기연착륙
standstill agreement ***	정지협정
stock plunge	주가의 급락
value portfolio	밸류 포트폴리오
venture capital	벤쳐 캐피탈

* 몬테카를로 방법은 난수를 이용하여 함수의 값을 확률적으로 계산하는 알고리즘으로 수학이나 물리학 등에 자주 사용된다.

** 증권의 등록/신고는 공모를 할 때 마다 하여야 하나. 등록 소요 비용과 SEC (미국 증권위원회) 승인 기간을 고려시, 급변하는 증권시장에 효율적으로 대응하기 어려울 수 도 있는 바, 기업이 일정 요건 충족시 일정 제한 아래 미리 최초에 등록한 일괄 등록 서류에 기반하여 등록하고 그 후 간단한 공시만으로 공모를 할 수 있도록 하는 SEC 규정이다.

*** A standstill agreement is a contract which contains provisions that govern how a bidder of a company can purchase, dispose of, or vote stock of the target company. A standstill agreement can effectively stall or stop the process of a hostile takeover if the parties cannot negotiate a friendly deal.

정지 계약은 회사의 입찰자가 대상 회사의 주식을 구매, 처분 또는 투표 할 수 있는 방법을 규정하는 조항을 포함하는 계약이다. 당사자들이 우호적인 거래를 협상할 수 없는 경우, 정지 계약은 적대적 기업인수자의 인수 절차를 효과적으로 정지중단시킬 수 있다.

Chapter IV
Foreign Exchange

MBA English - *Basics*
Global 경영·금융·증권·회계·외환·무역·마케팅 용어집

01
환율의 종류

외환(foreign exchange) 이라는 것은 국가의 화폐* 가치를 교환하는 것이다. 한국 ₩를 US$와 교환할 때, ₩와 US$의 가치가 교환 비율을 결정하는 것이고, 이것이 foreign exchange rate(환율) 이다. 외화는 은행 이나 환전소에서 사고 팔 수 있다.

> * 환율 표시의 기준이 되는 화폐를 기준통화(base currency), 기준통화와 교환되는 다른 통화를 상대통화(counter currency) 라고 한다. 미국 돈을 기준으로 한국 돈을 얘기하면 base currency가 US$이고 counter currency는 원화(₩)가 되는 것이다.

📈 Foreign Exchange Rate(환율)의 종류

■ **TT middle rate**(매매기준율)
고객을 상대로 한 외국환 거래에 적용되는 기준 환율
➡ TT: telegraphic transfer

■ **TTS** (TT selling rate, 전신환 매도율, offer rate)
은행에서 외환을 매도 시 적용되는 환율, Selling의 주체가 은행이다,

■ **TTB** (TT buying rate, 전신환 매입율, bid rate)
은행에서 외환 매입 시 적용되는 환율, Buying의 주체가 은행이다,

• 은행의 수익은 TTS - TTB 가 되며, 이를 spread 라고 한다.
TT middle rate(매매기준율) US$1 = ₩1,216.30
TTS(TT selling rate, 전신환 매도율) US$1 = ₩1,227.90
TTB(TT buying rate, 전신환 매입율) US$1 = ₩1,204.70

• 은행의 외환 매매 수익 (spread) =
TTS(US$1 = ₩1,227.90) - TTB(US$1 = ₩1,204.70) = ₩23.2/$
즉, US$1를 매매 시 ₩23.2의 이익을 시현한다.

고정환율제(fixed exchange rate system) vs. **변동환율제**(floating exchange rate system)

A fixed exchange rate system is a regime applied by a government or central bank ties the country's currency official exchange rate to another country's currency or the price of gold. The purpose of a fixed exchange rate system is to keep a currency's value within a narrow band.

A floating exchange rate is a regime where the currency price of a nation is set by the forex market based on supply and demand relative to other currencies. This is in contrast to a fixed exchange rate, in which the government entirely or predominantly determines the rate.

Fixed exchange rate system(고정환율제)는 환율을 고정시켜 놓은 것으로 대외 상황에 따라 변동되지 않는다. Floating exchange rate(변동환율제)는 대외 상황에 따라 수시 변동되는 환율 제도이다. 전 세계 선진국의 대부분과 한국은 floating exchange rate system(변동환율제)를 적용하고 있다.

 평가절하(depreciation, devaluation) vs. **평가절상**(appreciation, revaluation)

Currency devaluation is a deliberate downward adjustment of the value of a country's currency against another currency. Devaluation is a tool used by monetary authorities to improve the country's trade balance by boosting exports at moments when the trade deficit may become a problem for the economy.

Currency appreciation is an increase in the value of one currency in relation to another currency. Currencies appreciate against each other for a variety of reasons, including government policy, interest rates, trade balances and business cycles.

평가절하(depreciation*, devaluation)는 자국 통화가치가 외국 통화에 대한 가치가 하락하는 것을 의미한다. 즉, 자국 통화 약세(weakening)을 의미한다.

　* depreciation은 회계 분야에서는 감가상각의 의미로 사용된다.

RMB6 = US$1 의 의미는 RMB6과 US$1의 가치가 같다는 것이다. 그런데, RMB7 = US$1
이 되면 RMB7과 US$1의 가치가 같게 되는 것이다.

즉, RMB 6개로 US$ 한 개를 살 수 있었는데, 이제는 7개를 주어야 한 개를 살 수있다.

➡ RMB가 US$ 대비 depreciate 되는 것이고 weaken 되는 것이다.

➡ 반대로, US$ 입장에서는 appreciate(평가절상)되는 것이고, strengthen 되는 것이다.

평가절상(appreciation, revaluation)는 자국 통화가치가 외국 통화에 대한 가치가 상승하는
것을 의미한다. 즉, 자국 통화 강세(strengthening)을 의미한다.

RMB6 = US$1 의 의미는 RMB 6개와 US$1 개의 가치가 같다는 것이다. 근데 RMB5 =
US$1이 되면 RMB 5개와 US$ 1개의 가치가 같다는 것이다. 즉, RMB가 $대비 appreciate
되는 것이고 strengthen 되는 것이다.

적정 환율(optimum exchange rate)

「적정환율」이란 말 그대로 그 나라의 경제상황에 적합한 환율 수준을 말한다. 여기서 말하
는 경제상황에서는 외환수급과 수출, 외국인투자는 물론 금리와 물가수준 등이 모두 포 함
된다. 환율은 기본적으로 외환시장에서 외화의 수요와 공급, 즉 수급에 의해 결정되며, 공
급이 수요보다 많으면 환율이 하락하고 수요가 공급보다 많으면 상승한다.

➡ 환율이 하락하면, 예를 들어, US$1=₩1,000에서 US$1=₩1,200으로 변동되면 수출
상품의 가격경쟁력이 향상되어 대외경쟁력이 강화된다.

➡ 하지만, 수입물가가 상승하여 물가상승이 되어 가계에 악영향을 준다. 예를 들어,
100% 수입하면 원유 가격이 급등하게 되는 것이다. 이는 바로 서민생활에 큰 타격을
준다.

➡ 또한, 환율 하락은 외국인투자를 둔화시키는 부작용을 낳기도 한다.
US$1=₩1,000에서 한국 증시에 US$0.1 bil* 투자하고 나서, 1년후 투자금을 유출
하려고 하는데, 환율이 US$1=₩1,200이 되었다면 US$ 환산 금액이 원 투자금의
83.33% 금액으로 16.67%의 환차손이 발생되는 것이다.

* billion은 미국에서 10억이고 유럽 일부 국가에서는 1억인 바, billion을 사용시 billion이 얼마인지 상대국과 짚고
넘어가는 것이 추후 논쟁의 소지가 없다.

- US$1=₩1,000일 때 US$0.1 bil (= 1억$) 투자
- US$1=₩1,200 일 때 환전, 1억$/₩1,200 = US$83,333,333
- 1억$ - US$83,333,333 = US$16,666,667

(☞ 환율 변동으로 인한 투자금 원금 손실)

적정환율 상정 시 고려할 또 다른 문제는 환율변화의 속도이다. 예를 들어 하락속도가 지나치게 빠르면 기업/개인/정부 등 각 경제주체의 대응에 어려움이 발생한다. 만일 어떤 기업이 달러당 1,100원을 기준으로 1억달러어치 물품을 수출하기로 했는데 환율이 상승해 1,000원이 되면 원화로 환산한 수출금액이 100억원 줄어들게 된다. 즉, 계약 당시에 비해 환율 변동으로 인해 100억원이 사라지게 되는 것이다. 물론 반대의 경우가 된다면, 즉, 환율이 1,100원에 1,200원이 된다면 100억원의 추가 이익이 확보되는 것이다.

Plaza Accord (플라자 합의) - 환율 vs. 수출경쟁력

Plaza Accord (플라자 합의)는 1985년 9월 미국, 영국, 독일, 프랑스, 일본 각국의 재무장관과 중앙은행 총재들이 미국 뉴욕 플라자호텔에서 미국의 달러화 강세를 완화할 목적으로 맺은 합의이며, 주요내용은 일본의 엔화와 독일의 마르크화의 통화가치 상승을 유도하고, 이 조치가 통하지 않을 경우, 각국 정부의 외환시장 개입을 통해서 조정한다는 것이었다.

이로 인해 일본 ¥화는 US$대비 큰 폭으로 평가절상(= 통화가치 상승)되기 시작하였으며, 이로 인해 일본업체의 수출 경쟁력은 약화되고, 일본업체와 경쟁관계의 있는 한국업체 (자동차, 전기전자 등등)의 대외 수출 경쟁력 제고에 큰 도움이 되어, 한국업체의 전세계 시장점유율은 큰 폭으로 확대되기 시작하였다. 이처럼 환율은 대외경쟁력을 좌우하는 아주 중요한 요소이다.

02
기축통화와 통화스왑

기축통화(key currency)

A key currency* refers to a type of money which is stable, does not fluctuate much, and provides the foundation for exchange rates for international transactions. Because of their global use, key currencies tend to set the value of other currencies

국제간의 결제나 거래에서 기본이 되는 통화. 한마디로 어디에 가도 받아 주는, 세계에서 유통되는 통화라고 간주하면 된다. US\$, 일본¥, Euro 정도이다. 기축통화국의 요건은

- 환율 수준이 높고 안정되어야 하며
- 세계의 무역에 차지하는 비율이 상당하고
- 자국의 financial market이 발달되어 있어야 한다.

하지만, 기축통화 형성은 실제 투자자들의 심리적인 요인, 즉, 각국 화폐에 대한 신뢰에 의해 결정된다. 경제규모와 화폐에 대한 신뢰는 상관관계가 없다. 예를 들어, 중국의 경제규모는 미국에 근접하지만, 중국화폐를 기축통화로 인정하는 국가가 전세계에 거의 없다고 간주하면 된다. 이는 실제 전세계 중앙은행들이 보유하고 있는 화폐 비중에서 입증된다.

| 2018년 2Q 각국 중앙은행 보유 외화보유액의 통화별 구성 비율(%) |

미국 \$	유로 ** €	일본 ¥	영국 £	캐나다 \$	중국 RMB	호주 \$	기타	합계
62,25	20.26	5.0	4.5	1.9	1.8	1.7	2.59	100

** 유로화 사용국은 벨기에, 프랑스, 독일, 이탈리아, 룩셈부르크, 네덜란드, 아일랜드, 그리스, 포르투갈, 스페인, 핀란드, 오스트리아, 슬로베니아, 몰타, 키프로스, 슬로바키아, 에스토니아, 라트비아, 리투아니아 등 2018년 현재 19개국에서 유통되고 있다.

* 출처: 김정호의 경제 TV (https://www.youtube.com/watch?v=aSpI6w9RlFs)

각국 중앙은행 보유 외화보유액의 통화별 구성(2018. 2Q)

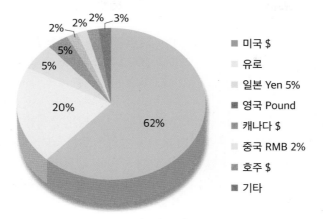

- 미국 $
- 유로
- 일본 Yen 5%
- 영국 Pound
- 캐나다 $
- 중국 RMB 2%
- 호주 $
- 기타

| 각국 경제 규모 |

(Unit: US$ trillion, %)

국가	미국	중국	일본	미국/중국/일본 삼국 소계	미중일 삼국 제외 전체	합계
GNP	19.37	12.24	4.87	36.41	42.86	79.34
비중	24.40	15.40	6.13	45.93	54.07	100

주) 세계 3대 경제 대국(미국, 중국, 일본)의 경제 규모는 전세계 경제 규모의 46%임.

경제 규모

통화 스왑 (currency swap)

A currency swap is an agreement in which two parties exchange the principal amount of a loan and the interest in one currency for the principal and interest in another currency. At the inception of the swap, the equivalent principal amounts are exchanged at the spot rate.

Currency swap은 통화를 교환 (swap)한다는 뜻으로, 서로 다른 통화를 미리 약정된 환율에 따라 일정한 시점에 상호 교환하는 외환거래이다. 기업은 물론 국가도 환율과 금리 변동에 따른 위험을 헤지하거나 외화 유동성 확충을 위해 사용한다.

예를 들어, 한국과 일본 간에 통화스왑 계약을 체결한다면 한·일 양국은 필요할 때 자국 통화를 상대방 중앙은행에 맡기고 그에 상응하는 외화를 빌려와 사용할 수 있다. 기축통화국인 아닌 국가들이 아주 유용하게 활용할 수 있는 외환보유고 관리 기법이다.

달러 인덱스 (Dollar Index)

The U.S. Dollar Index is an index (or measure) of the value of the United States dollar relative to a basket of foreign currencies, often referred to as a basket of U.S. trade partners' currencies.

달러 인덱스는 달러를 주요 6개국 통화에 가중치를 연동시켜 숫자로 표시하는 것이다. 6개국 통화 가중치는 다음과 같다.

국가	유로 €	일본 ¥	영국 £	캐나다 $	스웨덴 Kr	스위스 Fr
비중(%)	57.6	13.6	11.9	9.1	4.2	3.6

➡ 100을 초과하면 US$의 강세를 의미하며
➡ 100 미만이면 US$의 약세를 의미한다.

03
환율조작국
(Currency Manipulator, Currency Manipulating Country)

「Currency manipulator」 is a designation applied by United States government authorities to the countries that engage in a certain degree of currency intervention, a monetary policy in which a central bank buys or sells foreign currency in exchange for domestic currency.

Currency manipulator(환율조작국)이란 자국의 수출을 늘리고 자국 제품의 가격경쟁력을 확보하기 위해 정부가 인위적으로 외환시장에 개입해 환율을 조작하는 국가를 말한다.

미국은 공정무역 거래 차원에서 매년 4월과 10월 경제 및 환율정책 보고서를 통해 환율 조작국을 발표한다. 환율조작국을 「심층분석 대상국」이라고도 하며 지정요건은 2019년 현재 다음과 같으나 언제든지 변경될 수 있다.

- 지난 1년 동안 200억 달러(약 24조 원)를 초과하는 대미 무역 흑자
- 국내총생산(GDP) 대비 3%를 초과하는 경상흑자
- 지속적이고 일방적인 외환시장 개입(GDP의 2%를 초과하는 외환을 12개월 중 8개월 이상 순매수) 등 3개 요건에 모두 해당하면 환율조작국으로 지정되며, 이중 두 가지 요건에 해당할 경우는 환율관찰대상국(monitoring list, currency watch list)으로 분류된다.

■ 환율조작국으로 지정되면
  - 미국기업 투자 시 금융지원 금지
  - 미 연방정부 조달시장(procurement market) 진입 금지
  - 국제통화기금(IMF)을 통한 환율 압박
  - 무역협정과 연계 등의 제재가 따르며,

■ 환율관찰대상국으로 분류되면 미국 재무부의 모니터링 대상이 된다.

환율조작국 관련 AP 통신 기사

US labels China a currency manipulator.
미국, 중국을 「환율 조작국」으로 전격 지정

The U.S. Treasury Department labeled China a currency manipulator Monday after Beijing pushed down the value of its yuan in a dramatic escalation of the trade conflict between the world's two biggest economies.
☞ 무역갈등을 고조시키면서 위안화 가치를 떨어뜨리자

The decision, which came hours after President Donald Trump accused China of unfairly devaluing its currency, marks a reversal for Treasury. In May, it had declined to sanction China for manipulating its currency.
☞ 자국 통화를 부당하게 평가절하하다

The U.S. had not put China on the currency blacklist since 1994. The designation could pave the way for more U.S. sanctions against China.

Earlier Monday, China had allowed its currency to weaken to an 11-year low, a move that gives its exporters a price edge in world markets and eases some of the damage from U.S. tariffs on Chinese products.
☞ 자국 통화가 11년 만에 최저 수준으로 하락하는 것을 허용

Trump had gone on Twitter to denounce China's move as "currency manipulation."
He added, "This is a major violation which will greatly weaken China over time."

In a statement, Treasury said it would work with the International Monetary Fund "to eliminate the unfair competitive advantage created by China's latest actions."

For more than a year, the U.S. and China have been locked in a trade war over allegations that Beijing steals trade secrets and pressures foreign companies to hand over technology.
(AP)

04
대체송금방식(ARS, alternative remittance system, 환치기)

Alternative remittance systems are financial services, traditionally operating outside the conventional financial sector, where value or funds are moved from one geographic location to another.

ARS에 대한 관세청의 설명

음성적 방식을 통한 해외송금방법. 공식적인 금융시스템 밖에서 비공식적인 자금 송금자를 통해 음성적으로 해외송금을 하는 것으로, 일명 hawala라고 일컬음.
➡ Hawala는 송금시 돈이 오가는 것이 아니라 개인 간 팩스와 e-메일을 이용, 현지에서 교환·결제하는 이슬람계 환전 및 송금소를 통칭하는 이름.

일종의 '환치기'로, 송금기록을 남기지 않는데다 금융당국의 규제도 받지 않아 마약 밀매와 돈세탁등에 악용되고 있음. 이는 수수료 지불과 이중 환율 적용을 피해 거래비용을 줄이는 이점이 있지만, 금융시스템을 취약하게 하고 테러자금 조달 통로로 남용될 가능성이 있음.

통화가 다른 두 나라에 각각의 계좌를 만든 뒤 한 국가의 계좌에 돈을 넣고 다른 국가에 만들어 놓은 계좌에서 그 나라의 화폐로 지급받는 불법 외환거래 수법을 환치기라고 한다.

탈세와 돈세탁용 자금거래의 온상인 조세피난처와 함께 자금을 해외로 유출하는 방법가운데 가장 많이 쓰이는 불법 외환거래 수법이다. 통화가 서로 다른 두 나라, 예를 들어 A국과 B국이 있다고 가정하자. 어떤 사람이 A국과 B국에 각각의 계좌를 만든 다음, B국에서 돈을 쓰고자 할 경우 A국에서 A국의 화폐로 계좌에 넣고, 이를 B국 계좌에서 A국의 화폐가 아닌 B국 화폐로 인출하면 환율에 따른 차익이 발생한다.

환치기를 이용하면 외국환은행을 거치지 않고 서로 돈을 주고받을 수 있다. 외국환거래법에 규정된 송금의 목적을 알릴 필요도 없고, 정상적으로 환전할 경우 지불하는 환수수료도 부담하지 않는다. 또 정상적으로 외환을 송금하지 않고 외환을 송금하는 효과가 있기 때문에 세계 각국에서는 국부의 유출로 간주해 법으로 금지하고 있다.

그러나 돈세탁, 환율을 이용한 환투기, 마약, 밀수, 해외도박 등을 목적으로 불법자금을 해외로 빼돌리려는 사람들은 손쉽게 돈을 유통할 수 있다는 점 때문에 환치기를 이용하기도 한다. 한 사람이 돈을 입금하면, 중개인이 상대국의 화폐로 출금한 뒤 일정액의 수수료를 받고 찾은 돈을 건네주는 형식을 취한다. 한국인이 외국 도박장에서 돈을 빌릴 때 환치기로 외화 밀반출하다 적발된 경우도 있다.

마카오에서 도박중인 한국인 A씨는 US$100,000 이 필요하여, 불법환치기는 하는데, 절차는 다음과 같다.

• A씨는 한국에 개설된 원화 구좌에서 환치기상 원화 구좌로 US$100,000 에 해당하는 원화 금액을 송금한다.
• 환치기상은 원화를 받은 후, 마카오에서 한국인 A씨에게 직접 US$를 현금으로 주거나, A씨의 마카오 구좌로 US$를 송금하여 준다.

➡ 이러한 거래는 위법한 거래인 바, 절대 하여서는 안된다. 관련 처벌 규정도 엄격하다.

05
참고사항

SWIFT Code

SWIFT는 society for worldwide inter-bank financial telecommunication의 약자로 은행의 우편번호(zip code) 역할을 한다. 외국소재 은행으로 송금 시 그 은행의 swift code를 명기하여야 신속히 그 은행으로 이체된다. 마찬가지로, 외국으로부터 돈을 받으려면 거래 은행의 SWIFT code를 통보해주어야 신속히 받을 수 있다.

각 은행의 SWIFT code는 다음과 같다.

- 신한은행: SHBKKRSE
- 국민은행: CZNBKRSE
- 우리은행: HVBKKRSEXXX
- 외환하나은행: KOEXKRSE

Big Mac Theory vs. PPP(purchasing power parity)

PPP는 purchasing power parity의 약자로서 국가간의 exchange rate를 결정하는 주요 요소 중의 하나이다. 같은 상품이라도 국가 간의 가격 차이가 있어, 이를 환율 결정 요소로 간주하는 것이다. 이 방법은 각국의 세금이 상이하여 100% 맞다고는 할 수 없으나, 어느 정도의 비교 가이드 라인을 제공한다.

Big Mac Theory는 McDonald's가 전세계적으로 같은 품질의 햄버거를 동일가에 제공하는 것을 전제로 한다. 미국에서 햄버거 가격이 US$2 이고, 동일 햄버거의 한국 가격이 ₩2,000이라고 한다면, US$1 = ₩1,000 이 적정 환율이 된다는 것이다. 그런데. 국민 소득 수준이 비슷한 국가라면 맥도날드 햄버거 가격 비교는 상당한 신뢰성이 확보되나, 소득 수준 차이가 많은 나라의 경우라면 맥도날드 지수는 신빙성이 떨어진다.

LOP(law of one price, 일물일가의 법칙)

효율적인 시장에서 모든 개별적인 상품은 하나의 고정적인 가격을 지녀야 한다는 내용의 법칙이다. 한 상품에 부여된 가격이 자유 무역을 가능케 하고 세계적으로도 동일한 가격에 동일한 상품이 거래될 수 있기 때문이다. 따라서 이는 동일한 상품 시장일 경우 가격이 동일하게 정해진다는 것을 뜻한다.

본능적으로 이 법칙은 공급자는 최대한 비싸게, 소비자는 최대한 싸게 사려는 심리에 기인한다. 따라서 특정 상품이 비싸다면 그 상품은 시장에서 밀려나게 될 것이므로 공급자의 가격이 낮춰져 가격점이 생겨날 것이라는 것을 의미한다. 일물일가의 법칙은 구매력평가설(PPP)*의 근간이 된다.

> * 구매력평가설(PPP, theory of purchasing power parity): 국가간의 통화의 교환비율은 장기적으로는 각국 통화의 상대적 구매력을 반영한 수준으로 결정된다는 설.

Price Mechanism(가격 메카니즘, 가격 기구)

Price mechanism은 시장이 가격을 통해 자동적으로 수급을 조절하고 자원을 배분하는 가격 메카니즘 기능을 의미한다.

수요가 공급을 초과하면 가격이 상승하고, 가격이 상승하면 수요가 감소하여 공급이 증가하며, 공급이 수요를 초과하면 가격이 하락되고, 가격이 하락되면 다시 수요가 공급을 초과하는 등 가격에 의해 시장이 지속적으로 균형을 맞춰가는 것을 이른다.

소비와 생산에 있어서 개인에게 선택의 자유를 최대로 보장하는 방식으로 소비자가 경제문제에 대한 궁극적인 결정권자가 되며, 자원을 효율적으로 배분할 수가 있고, 자유경쟁을 통해 경제력을 분산시키는 장점을 지닌다.

Two-tiered Price (이중 가격제)

동일상품 또는 서비스에 대해 거래자나 장소에 따라 두 가격을 유지하는 제도이다. 일반적으로 다음 세가지 경우에 이중가격제가 적용된다.

- 공익사업기관이 공공목적을 달성하기 위해 공급 요금, 예를 들면, 전기요금, 철도요금, 우편요금 등을 수요자에 따라 가격차별을 두는 경우
- 독점적 기업이 동일상품에 대해 국내 독점시장에서는 비싼 가격을, 해외경쟁시장에서는 싼값을 적용하는 경우
- 농민보호를 위해 정부기관 또는 협동조합 등이 비싼 가격으로 양곡을 사들여 소비자보호를 위해 싼 가격으로 파는 이중곡가제(double rice price)

※ Related Terms

Term	Meaning
capital goods	자본재
cross rate *	미국 달러화가 아닌 통화간의 환율을 구하는 것
euro	• euro bond: 유로본드 • euro currency: 유로 커런시 • euro dollar: 유로 달라
foreign bond	외국채, 외채
foreign exchange market	외국환시장
money market	단기 금융시장
nominal interest rate	명목이자율
RPPP (relative purchasing power parity)	상대적 구매력 평가
Samurai bond **	일본이 발행하는 채권
spot exchange rate	현물 환율
spot trade	현물환 거래
spread underwriting	스프레드 인수
Yen-denominated bond	엔표시채권
Yuan-denominated bond	중국 인민 위안 표시 채권

* 국제금융시장에서 모든 통화는 미국 달러화와의 교환비율로 환율이 표시됨. 이를 이용하여 미국 달러화가 아닌 통화간의 환율을 구하는 것이 Cross Rate임
  즉, USD/KRW, USD/JPY를 이용하여 KRW/JPY를 구하는 것이 Cross Rate임
  USD1=KRW1,200, USD1=JPY108, KRW1,200/JPY108 = KRW11.11/JYP1

** Samurai bond는 일본의 채권시장에서 외국의 정부나 기업이 발행하는 엔화 표시 채권이다. 미국에서 채권시장에서 발행되는 US$ 표시 채권은 Yankee bond, 영국에서 발행되는 본드는 Bulldog bond 라고 한다. 이 세 가지 채권이 국제금융시장의 대표적인 채권이다.

Chapter V
Trade

MBA English - *Basics*
Global 경영·금융·증권·회계·외환·무역·마케팅 용어집

01
무역 절차 및 조건

무역은 국가간에 물품을 대상으로 이루어지는 국제 상거래를 의미한다.

 무역 상품 거래의 일반적인 절차

offer → bid → agreement → order → production → shipment / delivery → receipt of order → payment의 과정이 일반적이다.

➡ 하지만, 시장 상황에 따라, 즉, buyer's market이냐 seller's market 이냐에 따라, 이 일련의 과정은 순서가 바뀔 수도 있다. 즉, bid가 offer보다 먼저 일 경우도 있으며, 발주와 동시에 결제될 수도 있다.

■ **Offer**

공급자가 발행하는 것으로 어떤 품목을 얼마의 가격으로 어떤 결제조건으로 언제 공급할 수 있다는 확약서이다. Offer에는 유효 기일이 명기되는 바, 이 유효 기일이 지나면 offer 내용은 유효하지 않다. Offer는 발행자의 법적 책임이 있다.

■ **Bid**

Bid는 매수자가 발행하는 것으로 어떤 품목을 얼마의 가격으로 어떤 결제 조건으로 언제까지 공급받는 조건으로 구매하겠다는 확약서이다. Bid에는 유효 기일이 명기되는 바, 이 유효 기일이 지나면 Bid의 내용은 유효하지 않다.

공급 업체의 가격을 좀 더 인하시키고 싶거나(☞ 공급업체에 발주서를 주지 않으면서 가격 네고를 하는 것과 이 가격이면 구매하겠다는 의지를 확실한 표명한 다음 네고 하는 것은 공급업체의 입장에서는 큰 차이가 있다. 왜냐하면, 일단 Bid를 수취하면, Bid 가격 밑으로는 가격이 더 이상 내려가지 않을 것이고, 주문 확보 여부는 전적으로 공급업체의 결정이기 때문이다), 시장 **상황**이 seller's market일 경우 물품을 확실히 확보하기 위해 발행한다.

Bid는 bid 발행자의 법적 책임이 있다. 즉, 공급자가 Bid의 유효 기일 내 공급 확약을 하면 bid 내용대로 구매하여야 한다.

■ **PO**(Purchase Order, 구매주문서, 발주서)

PO는 매도자와 매수자간에 모든 사항이 합의되어 매수자가 발행하는 것으로 매도자의 생산/선적의 근거가 된다. 무역 거래에 있어 PO를 반드시 발행하여야 되는 것은 아니다. 그냥 Offer/Bid에 accept (offer/bid 내용 수락) 한다는 내용을 명기하여 그것을 근거로 생산/선적/통관/수취의 절차를 밟을 수도 있다.

■ **LOI**(letter of intent, 구매의향서)

구매의향서는 단지 이런 조건으로 이런 상품을 얼마나 사고 싶다는 의향을 통보하는 것이지, 어떤 확정된 order나 계약을 의미하는 것이 아니다. 구매 의향서는 법적인 구속력이 없다. 따라서 회사에서 구매 진의와는 상관없이 시장 상황 조사 차원에서 남발할 가능성도 배제 하지 못하는 바, 상황에 따라 구매의향서에 대한 진의를 파악하는 것이 필요하다.

■ **MOU**(memorandum of understanding, 양해각서)

매 의향서와 마찬가지로 법적인 구속력이 없다. 하지만 양사간의 협의가 있고 긍정적인 방향으로 전개될 경우 체결되는 바, 계약으로 성사될 가능성이 클 수도 있고, 계약되지 않고 무산될 수도 있다. 따라서, 양해각서를 체결하였다고 계약이 체결된 것으로 오해해서는 안된다.

무역은 물품을 매매하는 거래인 바, 배달의 사안이 있다. 어디까지 배달해주고 그 비용은 누가 부담하며, 혹시나 있을지 모르는 배달 도중 사고는 누가 책임지는가 등에 대해 매도자와 매수자간에 사전 합의하여야 하며, 이에 따라 물품의 가격이 조정 확정된다.

예를 들어, 한국 인천 공장에서 Los Angeles* 한인타운에 소재하는 빌딩에 20 feet container 한 대 물량의 상품을 배달하여야 한다면, 운송 경로는 「인천공장 → 부산항 → LA항 → 한인타운에 소재하는 빌딩」 이 될 것이며, 각각 그 경로에 대한 비용과 책임 소재가 따른다. 즉, 어디까지 배달할 것인가에 따라 상품의 가격은 변동된다. 이러한 배달지를 명기한 국제간의 상거래 규칙이 Incoterms 인 바, 무역 거래는 Incoterms 의 규정을 따른다.

* Los Angeles는 스페인어로 the angels 라는 의미이다.

Incoterms (International Commercial Terms, 인코텀즈)

국제상업회의소(International Chamber of Commerce)가 중심이 되어 국제적 무역 거래 통일 규칙으로 일정기간 조사된 거래관습에 따라 1936년 처음 제정되었다. 그 후 약 10년 주기로 개정하고 있다.

Incoterms는 기본적으로 물건을 어디서 인도하고 어디까지 운송해주고 각자의 책임 한계가 어디까지인지 정리해놓은 것이다. 실제 무역 거래에서 일반적으로 자주 쓰이는 조건은 EXW, FOB, CRF, DAP 정도이다.

■ E 조건: 출발지 인도 조건
- EXW (Ex-works, Ex-factory): 공장인도조건

■ F 조건: 운송비 미지급 인도조건
- FCA (free carrier): 운송인인도조건
- FAS (free alongside ship): 선측인도조건
- FOB (free on board): 본선인도조건

■ C 조건: 운송비 지급 인도조건
- CFR (cost & freight): 운임포함조건
- CIF (cost, insurance, freight): 운임 보험료 포함인도
- CPT (carriage paid to): 운송비 지급 인도조건
- CIP (carriage and insurance paid to): 운송비 보험료 지급 인도 조건

■ D 조건: 도착지 인도조건
- DAT (delivered at terminal): 도착터미널 인도조건
- DAP (delivered at place): 도착장소 인도조건
- DDP (delivered duty paid): 관세지급 인도조건
- 복합운송조건: EXW, FCA, CPT, CIP, DAT, DAP, DDP
- 해상운송조건: FAS, FOB, CFR, CIF

Incoterms의 각 거래 조건별 책임 한계를 도표로 표시하면 다음과 같다.

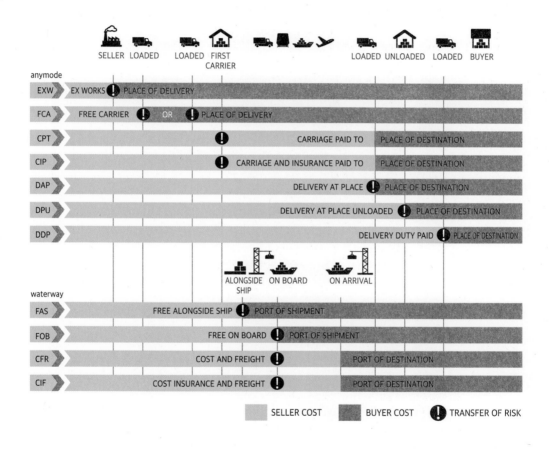

INCOTERMS® 2020

출처: https://internationalcommercialterms.guru/#incoterms-2020

02
결제 방법

 Terms of Payment (결제조건)

■ 선지급 (Advance payment, payment in advance)

- CWO (cash with order: 주문시 현금 지급)
  물품의 주문과 동시에 현금 지급

- CIA (cash in advance: 현금 선지급)
  물품 인도 전에 현금 지급

- Remittance Base (사전 송금 방식)
  물품인도전에 전신송금환 (T/T, telegraphic transfer)
  우편송금환 (M/T, mail transfer)
  송금 수표 (M/O, money order) 등에 의하여 송금

- Red Clause L/C (선대신용장): 신용장 수령과 동시에 대금결제

■ 동시지급 (concurrent payment)

- COD (cash on delivery: 현품 인도 지급)
  물품인도와 동시에 현금 지급

- CAD (cash against document: 서류 상환 지급)
  서류 인도와 동시에 현금 지급, cash on shipment (선적 지급)이라고도 함

- D/P (document against payment, 지급인도조건)
  수출업자가 발행한 화환어음 (draft, bill of exchange)이 추심 (collection)되어 은행이 이를
  수입업자에게 제시함과 동시에 대금이 지급되면 서류 인도.

- At sight L/C (일람 출급 신용장)
  수출업자에 의해 발행된 화환어음 (draft, bill of exchange)이 지급인인 발행은행 (opening
  bank, issuing bank)에 제시됨과 동시에 대금 지급

환어음(bill of exchange)의 만기(maturity)

어음이 지급되는 일자를 의미하며, 어음에 기재한다. 지급 기일(date of maturity, due date)이라고 한다.

- 환어음은 어음의 만기일에 따라 at sight bill(일람 출급환어음)과 usance bill(기한부 어음)으로 구분되며,

- 기한부 어음은 after sight bill(일람후 정기출급환어음), after date bill(발행 일자후 정기 출급 환어음), fixed date bill(확정일 출급 환어음)으로 구분된다.

Escrow Account(기탁 계정)

An escrow account is an account where funds are held in trust whilst two or more parties complete a transaction. This means that a trusted third party will secure the funds in a trust account. The funds will be disbursed to the party after they have fulfilled the escrow agreement.

금융거래에서 account 명의자는 account 금액의 소유자이나, 「일정한 조건이 충족되는 경우에만 현금 인출이 가능하도록 인출 가능 조건을 설정」하는 기탁계정으로 국제간 거래에서 여러 분야에서 유용하게 사용되고 있다.

➡ 이 경우, 은행에 예치하는 기간 동안 이자가 발생한다. 일반적으로 account 명의자가 이자의 수혜자이나, 계약 시 반드시 확실히 하여야 뒤탈이 없다. 즉, 원금은 찾지 못하지만 이자는 찾을 수 있게 계약서에 명기하여야 이자 인출에 지장이 없다.

무역 거래에서는 주로 구상무역(compensation trade)*에서 사용된다, 즉, 예를 들면, A국이 B국으로부터 상품을 구입하면서 B국의 은행구좌에 물품대금을 입금하나, B국은 그 물품대금을 A국으로부터 물품 수입시 수입 대금 결제에만 인출 사용 가능하도록 한다, 이러한 L/C(letter of credit**, 신용장)를 escrow credit(기탁신용장)이라고 한다.

* compensation trade(구상무역)는 counter trade(연계무역)의 일종이며, counter trade에는 compensation trade(구상무역), barter trade(물물교환), counter purchase(대응구매), buy back(제품 환매)등이 있다.
** 신용장 개설: open an L/C, open a letter of credit

Letter of Credit (신용장)

A letter of credit is a letter from a bank guaranteeing that a buyer's payment to a seller will be received on time and for the correct amount. In the event that the buyer is unable to make a payment on the purchase, the bank will be required to cover the full or remaining amount of the purchase.

■ UCP(uniform Customs and Practise for Documentary Credits: 신용장 통일규칙)은 ICC(International Chamber of Commerce: 국제상업회의소)가 화환신용장의 형식, 용어, 해석의 기준과 신용장 업무의 취급 절차 등을 규정한 국제규범이다.

■ 상거래에 많이 사용되는 L/C는 지급 만기일을 기준으로 sight credit(일람출급신용장)과 usance credit(기한부 신용장)으로 대별된다.

○ sight credit은 신용장에 의한 일람출급환어음(sight draft) 및/또는 서류가 지급인(drawee)에게 제시되는 즉시 지급이 이루어지는 신용장을 말한다.

○ usance credit(또는 term credit)은 신용장에 의한 기한부 어음(usance draft) 및/또는 서류가 지급인(drawee)에게 제시된 후 일정기간이 경과되는 경우(만기일)에 지급이 이루어지는 신용장을 말한다.

○ usance credit은 어음의 지급 기일에 따라 다음과 같이 분류된다.
  • XX days after sight: 제시된 일자로부터 며칠 후 전부 지급
  • at XX days after date of draft (B/L):
    ➡ 환어음이나 B/L 일자 며칠 후에 일괄 지급
  • fixed date credit; credit payable on a fixed date:
    ➡ 확정된 일자에 지급

○ Usance credit은 신용공여(이자부담)의 주체가 누군가에 따라, Seller's usance와 Banker's usance로 구분된다.
  • Seller's usance(Shipper's usance, trade usance)는 이자 부담의 주체가 매도인(seller), 즉, 이자를 매도인이 부담하는 것이며
  • Banker's usance는 이자 부담의 주체가 어음인수 은행(accepting bank)인 신용장을 의미하는데, 해외은행이 인수할 수도 있고 수입지의 국내은행이 부담할 수도

있다. 해외은행이 인수하면 overseas banker's usance이고 국내은행이 인수하면 domestic banker's usance라고 한다.

■ 타인 양도 허용 여부에 따라, transferable credit(양도 가능 신용장)과 non-transferable credit(양도불능신용장)으로 구분된다. 일반적으로 non-transferable credit이 많이 사용된다.

특수 신용장

특수신용장에는 revolving L/C(회전신용장), standby credit(보증신용장), advance payment credit(전대 신용장), compensation trade L/C(구상무역신용장), escrow L/C(기탁신용장)등이 있다.

■ revolving L/C(회전신용장)는 self-continuing L/C 라고도 하며 신용장금액이 자동적으로 갱신되어 반복적으로 사용할 수 있는 신용장을 의미한다.

○ 예를 들어, 동일 품목을 매달 동일 수량 선적 시, revolving L/C를 개설하면 매번 L/C 개설에 소요되는 비용 절감이 되고, 시간 절감이 될 것이다.

○ L/C는 결국, L/C 개설은행이 수입자를 대신하여 대금결제를 책임지는 것인 바, 수입자는 L/C를 개설하기 위해 은행에 담보 제공이 필요하고 L/C 개설비용을 은행에 지불하여야 한다.

○ 또한, 은행 업무에는 red tape*이 작지 않은 바, 시간 절감이 가능하다.

   * excessive bureaucracy or adherence to rules and formalities, especially in public business.
     예문) Cutting red tape is a precondition to induce foreign investment.
        외국인 투자 유치를 위해서는 쓸데없는 형식 절차를 없애야 한다.

■ Stand-by L/C(보증신용장)은 무역거래에 사용되는 L/C가 아니라 현지대출은행의 대출에 대한 채무 보증으로 발행되는 것으로서 선적 서류를 필요로 하지 않는 clean credit의 일종이다.

- Advance payment credit (red clause credit, packing credit, anticipatory credit, 전대 신용장) 은 발행은행이 수익자인 사출업자에게 수출대금의 선지급을 허용한다는 신용장. 선지급 허용 문구가 red color로 되어 있어 red clause L/C라고도 하는 것이다.

- Compensation Trade L/C (구상무역 신용장)은 물물교환에 사용되는 L/C로써, back to back L/C (동시 발행 신용장), Tomas L/C (토마스 신용장), escrow L/C (기탁 신용장) 이 있다.

※ 신용장의 거래 과정

신용장거래의 메카니즘을 살펴보면 다음과 같다.

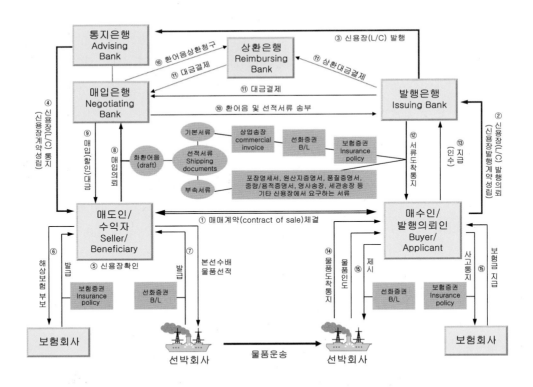

출처: 무역실무, 전순환 저, 한울출판사 (2012년 개정판)

① 수출업자와 수입업자는 대금결제방법으로서 신용장에 의하여 대금지급이 이루어지도록 물품매매계약을 체결한다.

② 수입업자는 자신의 거래은행(발행은행)으로 하여금 수출업자를 신용장의 수익자로 하여 신용장을 발행해 줄 것을 의뢰한다.

③ 발행은행은 신용장을 발행하여 통지은행에 송부한다. 즉, 발행을 의뢰받은 수입업자의 거래은행(발행은행)은 수입업자(발행의뢰인)의 지시에 따라 수익자 앞으로 신용장을 발행한다.

④ 통지은행은 서명감(signature books) 또는 테스트키(test codes)를 사용하여 신용장의 외관상의 진정성(certification)을 확인한 후에 수출업자(수익자)에게 통지한다.

⑤ 신용장을 수취한 수출업자는 신용장이 매매계약조건과 일치하는지, 신용장에 명시된 서류를 제시할 수 있는지, 신용장조건이 이행될 수 있는지의 여부를 확인한다.

⑥ 수출업자는 물품을 선적하고 신용장에서 요구된 모든 서류(상업송장, 운송서류(예: 선화증권), 보험서류(예: 보험증권) 등)를 수집하여야 한다. 우선, 수출업자는 보험회사에 보험을 부보하고 보험증권을 발급받는다.

⑦ 수출업자는 운송인(선박회사)에 선적의뢰후 물품을 인도하고 선화증권을 발급받는다.

⑧ 수출업자는 신용장에서 제시하도록 요구된 모든 선적서류를 화환어음에 첨부하여 통상적으로 통지은행에 제시하고 화환어음의 매입을 의뢰한다.

⑨ 통지은행은 수출업자에 의하여 제시된 서류가 신용장조건과 일치하는지의 여부를 심사한 후 신용장조건과 일치하는 경우에는 수출업자의 화환어음을 매입하고 수출업자에게 매입대금을 지급한다.

⑩ 매입은행은 매입한 환어음과 선적서류를 신용장의 지시에 따라 통상적으로 발행은행에 송부하여 대금지급을 요청한다. 경우에 따라서는 상환은행(reimbursing bank)에게 화환어음의 상환을 청구하고, 서류는 발행은행에 송부하도록 하는 지시가 있는 경우에는 이에 따른다.

⑪ 발행은행은 제시된 서류가 신용장조건과 일치하는지의 여부를 심사하고, 일치하는 경우에는 대금을 지급한다.

⑫ 발행은행은 매입은행으로부터 도착된 환어음과 선적서류를 수입업자에게 통지한다.

⑬ 수입업자는 발행은행으로부터 제시된 환어음이 일람출급환어음(sight bill)인 경우에는 발행은행에 그 환어음의 대금을 지급하고, 기한부환어음(usance bill)인 경우에는 그

환어음을 인수한 후에, 발행은행으로부터 선적서류를 인도받는다. 만일 일람출급환어음의 경우에 수입업자가 발행은행에 대금을 지급하지 않고 선적서류를 먼저 인도받고자 한다면, 수입업자는 수입화물대도(trust receipt; T/R)를 발행은행에 제공하고 선적서류를 인도받을 수 있다.

⑭ 운송인(선박회사)는 물품이 도착한 경우 수입업자에게 물품도착사실을 통지한다.

⑮ 수입업자는 운송인에게 선화증권을 제시하고 물품을 수령한다. 만일 물품은 이미 도착하였으나 선적서류가 도착하지 않아 선화증권을 제시할 수 없는 경우에는, 수입업자는 발행은행으로부터 수입화물선취보증서(letter of guarantee; L/G)를 발급받아 운송인에게 제시하고 물품을 수령할 수 있다. 수입업자는 물품을 수령하는 경우에는 그 물품이 계약과 일치하는지의 여부를 검사하고 물품이 매매계약과 불일치한 경우에는 수출업자에게 클레임을 제기한다.

한편, 물품이 운송중에 멸실 또는 손상된 경우에는 수입업자는 보험회사에 보험사고의 통지와 함께 보험증권을 제시하고 보험회사로부터 보험금을 지급받는다.

03
선적절차 및 B/L

선적 방법

■ **분할 여부에 따라**

항 목	내 용
single shipment(전량 선적)	한 번에 전량 선적
partial shipment(분할 선적)	매도인(seller)가 2회 이상으로 분할하여 선적, 선적 수량은 seller's option이 일반적이나, 항상 합의하여 결정한다.
installment shipment(할부 선적)	분할 회수, 수량, 선적 시기등을 정하여 선적

■ **환적**(transshipment) **여부에 따라**

- 환적 (transshipment) 또는
- 직항 선적 (direct shipment)로 구분
➡ 인천에서 미국 Boston으로 선적 시 「인천 - New York (by Asiana) -Boston (by Delta)」 이면, 즉, New York에서 비행기를 바꿔 Boston으로 선적한다면 New York에서 환적하는 것이며, 「인천 - Boston」이면 직항 선적인 것이다.

선적 지연 및 선적일의 증명

○ 선적지연 (late shipment)
매도인이 계약 기간내 선적을 이행하지 않는 것

○ 선적일 (date of shipment)
실제로 on-board되는 일자가 아니고 선적 서류 발행일, 즉, 선하증권 B/L, bill of lading) 일자를 선적일로 간주한다. 일반적으로 화물이 on-board 되는 일자로 B/L을 발행하나 선사와 화주가 합의하면 B/L 일자를 다르게 할 수 도 있다.

화물의 선박 적하(lading) 절차

○ S/R(shipping request: 선적요청서)

송화인(매도인, 수출자)이 선사에 화물을 선적해달라는 요청서

○ S/O(shipping order: 선적지시서)

선사가 선박에 화물을 실으라는 지시서

○ B/L(bill of lading: 선하증권)

선사가 송화인에게 발행하며, 어떤 품목을 받아, 모 선박에 선적되어 어떤 일정으로 목적지항에 도착할 것이라는 화물 수취증이다. 도착지에서 물품을 찾으려면 이 B/L이 있어야 한다. B/L을 제시하면 물품을 인도 받을 수 있는 바, B/L은 유가증권이다.

○ M/R(mate's receipt: 본선수취증)

선박에 화물이 실제로 실리면 선장이 화물이 선박에 실렸다고 발행하는 증명서이다.

☞ 본선에 실렸다는 입증하는 서류이다. B/L상에는 물품에 명기되 있으나, M/R에는 표시되지 않는 경우도 있다. 이 상황은 물품을 받았으나 선박에 적하시 실수하여 적하되지 않은 것으로 추정할 수 있다.

 FCL vs. LCL

화물이 화물량에 따라 선박에 선적되어 목적지항에서 하주에게 전달되는 방법은 FCL과 LCL로 대별된다.

○ FCL(full container load)

컨테이너 하나를 사용할 만한 물량인 container 화물은 container에 물품 적재 후, 그 container를 container yard(CY)로 이동, CY에서 며칠 적치된 후, 선박에 container 그대로 적하된다.

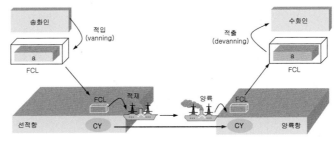

출처: 무역실무, 전순환 저, 한올출판사(제 2개정판 2012년 판 개정 2쇄)

○ LCL(less than container load)

화물이 많지 않아, 컨테이너의 일부 공간만 필요한 화물은 container freight station(CFS)에 입고시켜 다른 화물과 혼재되어 container에 적재 된 후 선박에 적하된다. 여러 건의 LCL 화물이 한 container에 혼재(consolidation)되는 바, 이 과정에서 화물이 누락될 가능성을 배제하지 못한다.

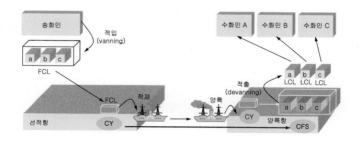

출처: 무역실무, 전순환 저, 한올출판사(제 2개정판 2012년 판 개정 2쇄)

Bill of Lading(B/L, 선하증권)

A bill of lading(sometimes abbreviated as B/L or BoL) is a document issued by a carrier(or its agent) to acknowledge receipt of cargo for shipment. Although the term historically related only to carriage by sea, a bill of lading may today be used for any type of carriage of goods; in case of airshipment, an AWB(air waybill) is issued for the receipt of cargo for airshipment.

B/L is one of crucial documents used in international trade to ensure that exporters receive payment and importers receive the merchandise.

B/L(선하증권)은 선사가 화주로부터 물품을 인수하였다는 증명서이며, 유가증권이다. B/L에는 화주가 명기되며, 화주가 B/L을 선사에 제시하여야 물품을 인도한다.

☞ 유가증권(securities)는 단어 그대로 재산 가치가 있는 증권이다. 일반적으로 재산적인 권리를 표시한 증서로서 화폐, 상품증권, 어음, 수표, 주식, 채권, 화물등 가격이 있는 물품에 대해 청구할 수 있는 권리가 표시된 증서, 즉 상법상의 재산권을 표시하는 증서를 의미한다.

■ Surrender B/L (반납 선화증권)

Surrender B/L (반납 선화증권)이란 수출자가 화물에 대한 권리를 포기한 B/L을 말한다. 수화인이 도착항에서 화물을 신속하게 인수할 수 있도록 송화인이 선적항에서 Original B/L을 선박회사에 반납하는 것을 의미한다. 이는 주로 물품대금을 T/T로 먼저 받거나 아니면 믿을 수 있는 관계의 거래처와 거래 시에 사용된다.

수출입 업무에서 B/L의 전달 경로는, 선사 (운송업자)가 B/L을 발행, B/L을 수출업자에게 건네주고, 수출업자가 B/L을 받아 수입업자에게 보낸다. 이를 위해서는 당연히 일정 기간이 소요되기 때문에, 화물이 서류보다 먼저 수입국에 도착하는 경우가 종종 발생한다.

예를 들어, 중국 Qingdao에서 화물 선적 시 24시간이면 인천항에 도착한다. 그런데 중국 수출업자가 한국 수입업자에게 B/L을 화물과 별도로 송부한다면 3일정도 소요되는 바, B/L이 화물보다 늦게 도착하여 통관이 지연된다. 이를 방지하고자 Surrender B/L (반납 선화증권)을 사용한다.

만약 미국/유럽에서 한국에 해상운송 한다면 30일정도 소요되는 바, Original B/L을 화물과 별도로 송부시 화물보다 훨씬 먼저 수취하게 됨으로 surrender B/L을 사용할 일은 없다.

■ Stale B/L

글자그대로 해석하면 '서류제시기간이 경과한 선하증권' 정도로 해석한다. 선하증권은 유가증권으로 쉽게 말하면 돈의 가치가 있는 것인데 이 선하증권이 21일을 경과하면 비록 선하증권이 유가증권이라 하더라도 은행이 이러한 선적서류를 가지고 매입을 의뢰한 seller에게 지급을 거절할 수 있다는 것이다.

수출업체는 수출대금을 조속 현금화하기 위해서 은행에 선적서류 등을 가지고 은행에 매입을 의뢰하게 되는데 이를 nego라고 한다. Nego는 negotiation의 줄임말로 은행이 환어음과 함께 선적서류를 '매입'한다는 뜻이다. 서류 제시기간인 21일이 지난 B/L은 한물간 B/L이기 때문에 신용장 통일 규칙에 의거 은행이 매입을 거절 할 수 있다.
그러면 수출업체는 nego은행을 통해서는 수출대금을 받을 수 없게 되어 나중에 buyer가 대금을 송금하여야만 대금을 받을 수 있는, 즉, 은행이 담보를 하지 못하는 위험한 거래가 될 수밖에 없다. 이를 통상적으로 추심 (collection)이라 하는데 계약서 방식의 거래인 D/A, D/P 거래로 은행의 지급보증이 없는 당사자 간의 거래에서 사용된다. buyer는 이러한 선적서류 인수 및 대금지급을 거절할 수 있다. 이것을 통상 buyer가 unpaid 쳤다는 표현을 쓴다. 이것은 시장상황이 좋지 않아 buyer가 가격 인하를 하기위해 이용되기도 하는데 이를 market claim이라고 한다. 악질적인 buyer를 만났을 경우 심각한 상황을 초래할 수도 있다.

그래서 수출업체는 L/C상에 "Stale B/L is acceptable"이란 문구를 넣어 은행이 한물간 선적서류를 매입할 수 있도록 안정장치를 마련한다. 그러면 왜 수출업체는 한물간 B/L을 가지고 있는 것일까요? 빨리 nego해서 수출대금을 받으면 좋을 것인데. 가장 큰 이유는 간단히 말해 수입업체가 수출업체의 제품을 확인한 연후에 L/C를 open하겠다는 것이다.

그러면 어떤 경우에 이러한 상황이 발생할 수 있을까? 본지사간의 거래, 밀어내기 수출 내지는 시장상황에 발 빠르게 대처하기 위해서 미리 선적을 하는 경우도 있을 것이다. BWT(Bonded Warehouse Transaction:보세창고 인도 수출)라는 것도 있다. 수입업체가 한 번에 L/C를 open할 여력은 안 되고 시장상황도 있곤 하니 우선 수입지 창고에 넣어놓고 필요할 양만큼 L/C를 열든지 payment를 하든지 하여 제품을 가져가는 방식이다. 물론 수출업체는 risk를 감수해야 하지만 시장을 잘 예측하면 발 빠르게 대응해서 돈을 벌 기회도 있을 것이다.

복합운송(multimodal transport)

Multimodal transport(also known as combined transport) is the transportation of goods under a single contract, but performed with at least two different modes of transport; the carrier is liable (in a legal sense) for the entire carriage, even though it is performed by several different modes of transport.

특정 화물이 하나의 운송 계약하에 서로 다른 2종류 이상의 운송 수단(선박, 철도, 항공기, 트럭등)에 의해 운송 구간을 결합하여, 일련의 운송 서비스를 제공하는 방법이다. 예를 들어 완도 전복 양식장에서 서울 소재 아파트까지 전복을 운송시, 완도에서 육지까지 배로 가고, 육지에서 서울역까지 기차로 가고, 서울역에서 서울 아파트로 차로 운송하는데 하나의 운송계약으로 처리한다. 이것이 국제무역에 적용되면 국제복합운송(international multimodal transport)이 되는 것이다.

※ Bill of Lading 견본

① Shipper/Exporter EUN SUNG CORPORATION 1410-3, SHINRIM-DONG, KWANAK-KU, SEOUL, KOREA	⑩ B/L No. PCSLBOL103960122

PEGASUS CONTAINER SERVICE

DAE WOO SHIPPING CO., LTD

② Consignee TO ORDER	Received by the Carier from the Shipper in apparent good order and condition unless otherwise indicated herein the Goods, or the container(s) or package(s) said to contain the cargo herein mentioned, to be carried subject to all terms and conditions provided for on the face and back of this Bill of Lading by the vessel named herein or any substitute at the Carrier's option and/or other means of transport. from the place of receipt or the port of loading to the port of discharge or the place of delivery shown herein and there to be delivered unto order of assigns. If required by the Carrier, this Bill of Lading duly endorsed must be surrendered in exchange for the Goods or delivery order. In accepting this bill of Lading, the Merchant (as defined by Article 1 on the back hereof) agrees to be bound by all the stipulations, exceptions, terms and conditions on the face and back hereof, whether written, typed, stamped or printed, as fully as if signed by the Merchant, any local custom or privilege to the contrary notwithstanding, and agrees that all agreements or freight engagements for and in connection with the carriage of the Goods are superseded by this Bill of Lading.

③ Notify Party
SHIGEMATSU CO., LTD.
1-2-8, HIGASHI-NAKAHAMA
JYOTO-KU, OSAKA, JAPAN

④ Pre-carriage by	⑦ Place of Receipt BUSAN CFS

⑤ Ocean Vessel MINT QUICK	⑧ Voyage No 602E	⑪ Flag KOREA	⑬ Place of Delivery OSAKA CFS

⑥ Port of Loading BUSAN, KOREA	⑨ Port of Discharge OSAKA JAPAN	⑫ Final Destination	

⑭ Container No.	⑮ Seal No. Marks & Nos.	⑯ No. of Containers or Pkgs	⑰ Description of Goods	⑱ Gross Weight	⑲ Measu-rement
				788.00KGS	14.085CBM

FRONT & BACK
S.T(IN DIA)
OSAKA
ITEM NO :
Q'TY : 12 IN BOX
C/T NO : 107-146
MAKE IN KOREA
BOTH SIDE
USE NO HOOKS
SIDE UP
HANDLE WITH CARE
DO NOT STEP ON

40 CTNS
SAID TO CONTAIN;

5,760PCS (480DOZ) OF HAT

L/C NO. : 03-21-02690

FREIGHT COLLECT

SAY ; FORTY (40) CARTONS ONLY.

⑳ Tatal Number of Containers or Packages(in words)

㉑ Freight & Charges	㉒ Revenue Tons		㉓ Rate	㉔ Per	㉕ Prepaid	㉖ Collect
O/FREIGHT	14.085	CBM	24.75			USD 348.60
C.A.F.	29.60	(%)	348.60			USD 103.18
C.F.S.	14.085	CBM	4,500		WON 63,382	
C.F.S.	14.085	CBM	3,800.00			JYE 53,523.00
C.H.C.	14.085	CBM	3,500		WON 49,297	
C.H.C.	14.085	CBM	600.00			JYE 8,451.00
					USD TOTAL :	451.78

㉗ Freight Prepaid at	㉙ Freight Payable at DESTINATION	㉛ Place of Issue SEOUL, KOREA
㉘ Total Prepaid	㉚ No. of Original B/L THREE(3)	㉜ Date of Issue JAN. 22, 1996

㉝ Date Laden on Board the Vessel JAN. 22, 1996 ㉞ By	㉟ DAE WOO SHIPPING CO., LTD.

출처: 무역실무, 전순환 저, 한올출판사((제 2개정판 2012년 판 개정 2쇄)

04
수출입 가격 vs. 환율

 환율의 중요성 - 관세(duty) vs. 환율(exchange rate)

2019년 미국의 중국 제품 관세 부과는 중국 제품의 미국내 시장 경쟁력을 약화시키고 있다.

예를 들어, 중국업체가 환율 RMB6 = US$1 일 때, US$1,000의 AA 물품을 1만개 수출한다면, 중국업체가 수출 후 받는 중국 돈은
RFM6/$1 x $1,000/개 x 10,000개 = RMB60 Mil 이다.

이 당시 미국의 관세율은 20%라고 가정한다면 미국 도착 AA 물품 금액 US$1,000은 단순 계산으로 US$1,200 이 된다. 즉, 미국 국민은 중국산 AA 물품을 US$1,200에 구입한다.

그런데, 만약 관세율이 20%에서 40%로 인상된다면 AA물품은 US$1,400으로 가격 인상이 되니, 미국에서 판매가 저하될 것이다.

그럼 US$1,200으로 미국 가격이 형성되게 하려면 어떻게 해야 할까?
대표적인 방법은 「관세만큼 수출 가격을 인하」 하거나 「환율을 조정」하는 것으로 상세 내역은 다음과 같다.

■ 중국업체가 수출가를 인하하는 방법이 있다. 즉, 현재 $1,000으로 수출하는 것을 가격 인하하여, 인하된 가격에 인상된 관세 적용 시 미국 현지 가격을 $1,200으로 만드는 것이다.

  ○ 미국 현지가 $1,200 = 수출가 × 1.4 (관세율 40%)
    ☞ 수출가 = $1,200/1.4 = $857
    ➡ 즉, 중국업체가 수출 가격을 $857로 인하하면 상승된 관세율을 offset(상쇄, 상계)할 수 있다. 하지만, 이 방법은 중국기업의 상품 이익이 저하되고 기업의 재무 상태를 악화시킨다.

■ 중국업체의 가격을 유지하면서 미국의 인상된 관세율에 대응하는 방법이 있다. 그것이 바로 「환율 조정」이다,

○ 중국기업이 수출 후 물품대금을 $를 받아 RMB로 교환한다. 중국에서의 화폐 유통은 RMB로 하기 때문이다.

➡ RMB6 = $1 일때 단가 $1,000 물품을 수출해서 받는 돈 RMB6,000

➡ RMB가 평가절하되어 RMB6/$ 가 RMB7/$이 된다면, 즉, 중국 돈의 가치가 저하된다면, 단가 $1,000 물품을 수출해서 받는 돈이 RMB7,000 이 되는 것이다.

➡ 미국이 관세율을 20%에서 40%로 인상해도 환율을 조정한다면 중국 업체가 받는 위원화(RMB)는 동일하게 만들 수 있다. 상기의 예를 적용한다면,

- 단가 $1,000 x RMB6/$ = $857 x RMB ?/$
- RMB ? = (단가 $1,000 x RMB6/$)/$857 ≒ RMB7/$
- $1,000 x RMB6/$ = RMB6,000 ⇔ $857 x RMB7/$ ≒ RMB6,000

즉, 미국의 관세 인상으로 인해 중국기업의 수출 가격을 $1,000에서 $857으로 인하했지만 중국업체에서 받는 중국 돈(RMB)는 동일하다.

☞ 이리하면 중국 업체의 이익을 보전할 수 있으나, 문제는 RMB가 평가절하되면 중국 내수 물가가 올라가서 국민 생활이 어려워진다.

Asset Parking (자산 이동)

에셋 파킹은 대 자본을 가진 신흥 개도국이나 정치, 경제, 안보 등의 위험이 내제된 국가의 대 부호들이 자신들의 자금을 본인의 국가가 아닌 다른 국가로 이동하는 현상이다. 이는 곧 「자산을 안보가 좋은 다른 나라에 주차한다.」 라는 개념이다.

에셋 파킹의 무서운 점은 세계 각 국의 부자들이 비교적 안정적인 재산 가치를 갖는 부동산에 투자하려는 심리를 동반하기 때문이다. 이로 인해 주택을 마련할 수 있는 자금이 적은 중산층 이하의 국민들은 주택을 마련하는 것이 어려워질 수 있다.

05
Claim vs. Force Majeure

 ## Claim(클레임)

무역거래에서 매도자와 매수자가 합의한 대로 이행되지 않으면 무역 클레임이 제기(lodge a claim) 될 수 있다. 클레임은 종류가 다양하다,

- Quality
  defective quality(품질 불량), different quality(품질 상이), inferior quality(저질 품질), different quality mixed(다른 물품 혼재), deterioration(변질), discoloration(변색) 등

- Quantity
  short shipment(선적 수량 부족), short landing(양륙부족), diminution(수량감소), short weight(중량부족)

- Packing
  incomplete packing(포장불완전), insufficient packing(포장불충분), wrong/inferior packing(포장불량)

- Shipment
  delayed shipment(선적지연), non-delivery(선적 불이행)

- Payment
  delayed payment(결제 지연), non-payment(미지급)

 ## Force Majeure(Act of God, 불가항력)

Force majeure means an event or incident which was unforeseeable at the time of execution of the contract and prevents one or both parties with no fault from fulfilling their obligations under the contract.

Force majeure is a common clause in contracts that essentially frees both parties from liability or obligation when an extraordinary event or circumstance beyond the control of the parties. Its examples are war, strike, riot, crime, or an event such as hurricane, flooding, earthquake, volcanic eruption, etc.

In practice, most force majeure clauses do not excuse a party's non-performance entirely but only suspends it for the duration of the force majeure.

전쟁이나 천재지변 등 계약당사자의 의도와는 관계없이 통제할 수 없는 사유로 인해 계약을 이행할 수 없거나 지연될 때 계약당사자의 책임을 면하게 되는 것을 말함. 이처럼 불가항력으로 인해 계약을 이행하지 못했거나 지연시켰을 경우 면책이 가능하나, 계약을 이행하지 못한 경우 입증의 의무가 있다. 물론, 최근의 일본 원전 사고처럼 누구나 다 아는 사고/사건일 경우는 그렇지 않으나, 예를 들어 일부 지역의 정전이 며칠간 지속되어 선적 지연이 되는 것 등은 입증의 의무가 있다.

Market Claim (마켓 클레임)

한마디로, 「시장 탓하는 claim, 즉 계약 당사자와 상관없는 상황을 핑계삼아 제기하는 클레임」을 말한다.

최근의 ABS* 가격이 ton당 $1,000이 지속되어, $1,000로 1,000 tons을 발주하였다. 그런데 갑자기 ton 당 가격이 $900으로 급락하였다. 당연히 매수인이 감내하여야 하는 가격 급락이나 그 급락으로 인한 손실을 부당한 방법으로 만회하고자 할 수도 있다.

* plastic resin의 일종이다. Plastic resin은 석유에서 추출하여 만들며, ABS, PE, PP 등등이 있다.

매수인이 상품시가의 하락 등으로 입는 경제적인 손실을 만회하기 위해 제기하는 부당한 클레임을 market claim 이라고 한다. 화물의 손실이 매수인에게 거의 손해를 입히지 않는 정도이거나, 그 손상이 경미하여 평소 같으면 클레임이 되지 않을 정도의 작은 과실을 트집 잡아 가격인하 또는 계약의 해지나 배상요구 등을 강요한다.

상품의 시장상황이 급변할 경우 발생될 가능성을 배제할 수 없는 바, 신뢰할 수 있는 거래처와의 거래하고 계약조건을 정확히 준수하는 것이 중요하다.

06
Commodities

Commodities products(기초 원자재 상품)은 financial products(금융 상품)과 비교되는 말로
일반 상품 거래와는 약간 상이하게 거래된다.

○ crude oil(원유)
○ non-ferrous metals(비철금속)
○ precious metal(귀금속 - gold, silver 등)
○ agricultural products(농산물) 등을 의미한다.

이 commodities는 general products(일반 상품)과는 달리 상품이 차별화가 크지 않다. 즉,
상품이 일반화되어 있어, 다른 상품과의 차별성, 차별화(differentiation)를 추구하지 않는다.
전세계 자원은 한정되어 있어, 공급원이 한정되어 있는 바, 자원시장 확보를 위한 경합이
치열하다. 전세계 상품 시장은 미국 회사들이 석권하고 있다.

➡ world commodities market의 major player는 Glencore(https://www.glencore.com),
   Cargill(https://www.cargill.com) 등이 있다.
➡ 상품 전체로는 Glencore(formerly Marc Rich)가 전세계 1위이며, 곡물 분야에서는
   Cargill이 전세계 1위이다.

 ## Contango vs. Backwardation

Contango 와 Backwardation은 상품
가격이 시간이 흐름에 따라 어떻게 변
동되는지를 설명하는 용어이다.

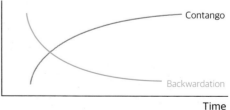

콘탱고 (contango): 선물 가격 > 현물 가격

Contango is a situation where the futures price of a commodity is higher than the spot price. Contango usually occurs when an asset price is expected to rise over time. This results in an upward sloping forward curve.

선물가격이 현물가격보다 높거나 결제 월이 멀수록 선물가격이 높아지는 현상을 콘탱고라 한다.

통상 선물거래 가격에는 만기까지 소요되는 현물의 보유비용 즉, 이자, 창고료, 보험료 등의 비용이 추가적으로 포함되기 때문에 선물가격이 현물 가격에 비해 높은 것이 일반적이다. 마찬가지의 논리로 선물시장에서 결제월이 먼 선물가격은 결제월이 가까운 선물가격보다 높다. 이런 상태의 시장에서는 통상 수요가 공급을 초과하는데, 이런 점에서 콘탱고 상태를 흔히 「정상시장」이라고 부른다.

 ## 백워데이션 (backwardation): 선물 가격 < 현물 가격

Backwardation is when the current price of an underlying asset is higher than prices trading in the futures market. Backwardation can occur as a result of a higher demand for an asset currently than the contracts maturing in the future through the futures market.

일시적으로 공급물량이 부족해지거나 계절적인 수요가 있어 수요와 공급이 불균형 상태일 때는 콘탱고와 반대 상황, 즉 선물가격이 현물가격보다 낮아지는 현상이 발생할 수도 있다. 이를 백워데이션(backwardation)이라고 한다. 공급이 수요를 초과하는 상태가 되는데, 이를 「역조시장」이라고 한다.

예를 들어, 금 선물 가격은 계절적인 수요는 없지만 창고보관 비용부담이 커서 만기가 먼 선물계약일수록 가격이 높아질 수밖에 없어 전형적인 콘탱고를 보인다.

그러나 여름철 난방유처럼 공급이 수요보다 많은 경우에는 선물가격이 낮아지고 때로는 현물가격보다 낮아질 수도 있어 백워데이션을 나타낼 수 있다. 백워데이션이 발생했다면 선물거래 분석 시 수급의 변동이 될 만한 이슈가 발생된다는 것이다.

gold, silver*는 어디서 산출되는가?

* 원소 기호로는 gold(Au), silver(Ag), copper(Cu) 로 표기한다. 금/은/동은 전자부품에 많이 사용되며, 금속의 conductivity(도전성, 전도성)는 금>은>동의 순서로 좋다. 백금은 platinum(Pt) 이라고 하며 디젤자동차 엔진 촉매제와 보석으로 사용된다. White gold는 백금과는 성분이 약간 상이하며 보석으로 사용되며, 백금이라 칭하지 않고 white gold 라고 부른다.

금은 gold mine(금광산), 은은 silver mine(은광산)에서도 산출되지만 Copper concentrate (동광석)에서 주로 추출한다.

Copper concentrate(동광석)에는 gold와 silver가 상당히 함유되어 있다. 광석은 purity(순수물)과 impurities(불순물)이 혼합되어 있는데 광석 가격은 이 purity가 몇 %인지에 따라 결정된다. 즉, copper concentrate의 가격은 copper 함유량도 중요하지만, gold, silver 함유량에 의해 크게 좌우된다.

그럼 copper concentrate에 gold가 몇 % 함유되어 있는지 어떻게 알까? copper concentrate를 공급하는 copper concentrate mine에서는 gold 함유량이 높게 책정하는 것이 유리하고, copper concentrate를 구입하여 copper, silver, gold를 추출하는 smelter(제련소)의 입장에서는 gold 함유량을 낮게 책정하는 것이 유리하다.

그런데, mine에서 copper concentrate를 10,000 ton을 smelter에게 선적한다. Smelter에서 10,000 톤을 받아 refine(정제) 하여 gold, silver, copper 등을 완전히 추출하기 전에는 정확한 함유량을 알 방법이 없다. 그래서 다음과 같은 방법으로 함유량을 결정한다.

• mine은 mine 나름대로 concentrate에서 random sampling 하여 함유량 분석 연구소 (LAB)에 분석 의뢰한다. 이 LAB은 mine에 우호적인 LAB 이다.

• smelter는 동일 concentrate에서 random sampling 하여 분석 연구소(LAB)에 분석 의뢰한다. 이 LAB은 smelter에 우호적인 LAB 이다.

• mine과 smelter가 사용하기로 합의한 LAB이 concentrate에서 random sampling 하여 umpire LAB에 분석 의뢰한다.

• Mine과 smelter의 직원이 face-to-face meeting을 한다. 각 사의 LAB에서 분석한 금속 함유량 분석 보고서를 맞교환 한다. 그 분석 보고서에 각 금속 함유량이 일치하지 않는다. 일치하지 않으면 copper concentrate의 가격이 확정될 수가 없다.

Metal	Mine contents(%) - A	Smelter contents(%) - B	Difference(C= A-B)
gold	2.6518	2.6512	0.0006
silver	12.9874	12.1298	0.8576
copper	22.3849	21.2345	1.1504
SiO2	18.9789	17.9860	0.9929
Others(impurities)	42.9910	45.9985	-3.0075

상기 분석표를 보면 mine의 purity(순도)가 상대적으로 높다는 것이고, smelter는 상대적으로 낮다는 것이다. Concentrate 가격은 Purity content에 proportional(비례) 한다.

모든 일에는 비용이 발생된다. LAB에 분석 의뢰하면 공짜를 분석 해주는 것이 아니다. 위의 함유량 비교표를 보면 gold*는 큰 차이가 없으나, silver와 copper**는 함유량 차이가 크다.

> * Gold와 Copper 가격 추이를 보면 세계정세와 경제를 어느 정도는 예측 가능하다. 일반적으로,
> • 세계정세가 불안하면 안전자산인 금 가격이 상승한다.
> • 은 가격은 금 가격에 어느 정도 비례하여 움직인다.
> • 세계경제가 호전되기 시작하면 copper, zinc등 산업용 원자재 값이 상승한다.
> ** 핸드폰에 investing.com 앱을 깔면 주식, 원자재, 외환, 채권 등의 시세를 상시 파악 가능하다.

만약 mine과 smelter가 합의하여 함유량을 mine과 smelter 분석치의 중간 값으로 하기로 한다면, umpire LAB에 분석 의뢰할 필요 없으나, 서로 자기 주장만 한다면, umpire LAB에 성분 분석 의뢰하여, 그 분석치대로 가격을 결정한다, 이 경우, umpire LAB의 분석 비용은 LAB의 분석치와 차이가 큰 쪽이 지불하는 것이 일반적이다.

예를 들어, umpire LAB의 silver 함유량이 12.7874로 나왔다면, smelter의 분석치(12.1298)보다는 mine 분석치(12.9874)가 umpire LAB 분석치에 더 가까운 것인 바, smelter가 umpire LAB 비용을 부담하여야 한다. 물론, 이 비용 부담은 조정할 수 있다. 예를 들어, mine과 smelter가 협의하여 진쪽이 70%, 이긴 쪽이 30% 부담할 수도 있다. 세상에 네고 못하는 것은 없다. 합의하기 나름이다.

Metal	Mine contents(%)	LAB contents	Smelter contents(%)
silver	12.9874	12.7874	12.1298

- mine contents - umpire LAB contents = 12.9874 - 12.7874 = 0.2
- smelter contents - umpire LAB contents = 12.1298 - 12.7874 = -0.6576

07
입찰과 입찰 보증금

Global trading의 한 방법으로 입찰 BIZ를 추진 가능하다. 입찰은 입찰 공고서에 공시된 대로 참여하면 된다. 입찰 BIZ 관련 주요 용어는 다음과 같다.

 PQ(pre-qualification)

입찰에 참여하기 위해서는 일정 조건을 갖춘 업체만 참여할 자격이 주어진다. 이를 PQ라고 한다. 예를 들면, 자본금 얼마 이상, 전년도 공사 실적 얼마 이상 등등

 입찰 보증금(Bond)의 종류

• bid bond(B-bond): 입찰 보증(모든 입찰 참가자들이 입찰 신청 시 제출)

• performance bond(P-Bond): 이행 보증(계약조건에 따라 수주자의 의무를 다 하도록 하기 위해 계약 체결 시에 계약 내용을 이행하겠다는 보증을 하는 증서: 낙찰자만 해당)

• advance payment bond(AP-bond): 선수금 환급 보증(해외건설공사나 수출 등과 관련해 수주자나 수출자의 잘못으로 계약이 취소되어 이들이 기 수령한 선수금을 발주자나 수입자에게 환급하여야 하는 경우, 금융기관이 연대하여 선수금의 환급을 보장한다는 내용의보증서)

예를 들어, 100억 규모의 공사 입찰에 A, B, C 3개사가 입찰 신청하였다. A, B. C 모두 입찰 참가 시 B-bond를 제출하여야 입찰 자격이 주어진다. 입찰에서 A사가 낙찰 받았다. A사는 P-bond를 제시하고 공사를 계약, 수주한다. A사는 발주 업체로부터 선수금을 받기 위해 AP-bond를 공사 발주업체에 제시하고 공사 선수금을 받는다. 공사 발주업체는 자사를 보호하기 위해 이러한 각종 bond를 받을 수밖에 없다.

Turnkey vs. Semi-turnkey

공장 건설 입찰의 경우, turnkey, semi-turnkey의 방식이 있다.

• Turnkey는 (건설·플랜트 수출 계약 등에서) 완성품 인도(턴키) 방식을 말함. 영어 단어의 뜻을 보면 key를 turn 한다. 즉 모든 것을 만든 후 key만 꼽아 돌리면 공장이 가동되는 것을 의미한다.

• Semi-turnkey는 핵심적인 것들만 만든 다음 넘겨주는 것을 의미한다. 각 방법은 장점 단점이 있는 바, 상황에 맞는 방법으로 추진한다.

유치산업보호론, 관세, SKD, CKD

유치산업보호론은 「공업화가 낙후된 국가는 유치산업(infant industry)을 보호하여 공업 발전을 이룬 후에 자유무역으로 전환하는 것이 바람직하다」는 무역주의 이론이다.

CKD (complete knock-down)은 부품이 완전 해체된 상태를 의미하며 SKD (semi knock-down)은 부품이 일부 조립된 상태를 의미한다. 예를들어, TV의 PCB에 부품이 조립되어 있는 PCB assembly를 수입하면 SKD이고, 조립되지 않은 상태의 부품을 수입하면 CKD이다.

TV공장이 없는 A국이 자국 시장에 TV를 공급하는 방법은 「TV완제품을 수입하거나, 또는 TV 부품을 수입하여 A국에서 조립하는 방법이 있으며」 자국 산업 육성 차원에서 완제품과 부품에 대한 관세를 차등 적용하여, 즉, 완제품에 대해서는 고율의 관세를 부과함으로써 완제품 수입/유통을 지양하고, 부품에는 저율의 관세를 부과하여 외국업체의 A국내 공장 설립 및 기술이전을 유도한다. 완제품/SKD/CKD 수입의 경우를 비교하면 일반적으로 다음과 같다.

항목	완제품 수입	SKD 수입	CKD 수입
관세	가장 높음	완제품보다는 낮고 CKD보다는 높음	가장 낮음
조립	조립 불요	일부 부품은 조립된 상태로 수입되는 바, A국에서 부분적으로 조립하여 TV 완제품 제조	모든 부품을 조립하여 TV 완제품 제조
고용	고용효과 미미	반조립 공장 설립으로 고용 촉진 효과	완전 조립 공장 설립으로 고용 촉진 효과 극대화
기술이전	없음	단순 조립 기술 이전	상당한 기술 이전

Chapter VI
Marketing

MBA English - *Basics*

Global 경영·금융·증권·회계·외환·무역·마케팅 용어집

- Banner Blindness
- Bounce Rate
- Buyer Persona
- Business-To-Business
- Business-To-Consumer
- Chasm
- Click-through Rate
- Cold Calling
- Comparative Advertising
- Consumer Behavior
- Content Management System
- Conversion Path
- Conversion Rate
- Corporate Identity
- Cost Per Lead
- Customer Loyalty
- Customer Relationship Management
- Data Visualization
- Demographics
- Diffusion of Innovations
- Digital Marketing
- Direct Mail
- Direct Marketing
- E-Commerce
- Elevator Pitch
- Engagement Rate
- Ethical Considerations
- First Penguin
- Hashtag
- Implementation Plan
- Inbound Marketing
- Infographic
- Internal Marketing
- Key Performance Indicator
- Lead
- Lean Strategy
- Lifetime Customer Value

- Margin
- Marketing Automation
- Marketing Mix
- Market-based Pricing
- Market Development
- Market Penetration
- Market Research
- Metrics
- Monthly Recurring Revenue
- New Product Development
- Niche Market/Business
- Pay Per Click
- Portfolio
- Positioning Statement
- Public Relations
- Research and Development
- Return On Investment
- Referral
- Relationship Marketing
- Search Engine Optimization
- Situation Analysis
- Smarketing
- Social Marketing
- Social Media
- Social Media Measurement
- Social Stratification
- Subculture
- SWOT Analysis
- Target Marketing
- Teach-back Method
- Technology Adoption Life Cycle
- Unique Selling Proposition
- User Experience
- Value Proposition
- Viral Marketing
- Workflow Management

Banner Blindness (배너 광고 회피)

Banner blindness is a phenomenon in web usability where visitors to a website consciously or unconsciously ignore banner-like information, which can also be called 「ad blindness」 or 「banner noise」.

의식적 혹은 무의식적으로 온라인 배너 광고에 주목하지 않는 현상

Bounce Rate (이탈율)

The number of people who land on a page of your website and leave without clicking on anything before moving on to another page on your site.

웹 사이트 페이지에 방문하여 사이트의 다른 페이지로 이동하기 전에 아무 것도 클릭하지 않고 떠나는 사람들의 비율

Buyer Persona (구매자 페르소나)

A summary of your ideal buyer, based on market research, data and hypothesis. The representation helps marketers define their ideal audience and it helps salespeople determine lead quality.

페르소나는 조직이 중점적으로 다루고자 하는 타겟(고객)에 대한 깊은 이해를 목표로 한다. 조직의 관점이 아닌 타켓의 관점에서 니즈가 무엇인지를 파악하는 것이 최우선이다. 이는 보통 데이터 분석 보다는 심층 인터뷰를 통해 이루어진다.

소프트웨어 개발, 가전제품 개발, 인터렉션 디자인 개발 등의 분야에서 사용자 연구의 한 방법과 마케팅 전략 수립을 위한 자료로 많이 이용되고 있다.

Business-To-Business (B2B, 기업간 전자 상거래)

Describing a business that markets - or sells - to other businesses.

사이버공간에서 전자매체를 통하여 이뤄지는 기업과 기업 간의 거래로 부품, 공사자재, 공사 입찰 건 등이 주로 취급된다.

 ## Business-To-Consumer (B2C, 기업과 소비자간의 거래)

Describing a business that markets and sells to consumers.

기업이 제공하는 물품 및 서비스가 소비자에게 직접적으로 제공되는 거래 형태

 ## Chasm (캐즘이론, 첨단 기술 수용론)

Chasm is a very large difference between two opinions or groups of people.

캐즘이란 원래 지각변동 등의 이유로 인해 지층 사이에 큰 틈이 생겨 서로 단절되어 있다는 것을 뜻하는 지질학 용어로서, 「신기술이나 신제품이 널리 쓰일 때까지 찾는 사람이 없어 그 기술/제품을 개발한 회사가 겪는 어려운 현상」을 의미한다. 신제품이 아무리 좋아도 일반인들이 본격적으로 사용하기까지는 상당한 시간이 소요되는 바, 그 기간을 의미하며, 「첨단 기술 수용론」 이라고도 한다.

예를 들면, 태블릿 PC도 출시된 지 10년이 지나 널리 사용되기 시작하였다. 대다수의 벤처 기업이 성공하지 못하고 중도에 쓰러지는 것은, 선각 수용자에서 다수로 넘어가는 과정에서 협곡, 즉 넘기 어려운 캐즘을 만나기 때문이다.

 ## Click-through Rate (CTR, 클릭율)

CTR is actually the "clicks" or actions prospects taken, divided by the total number of actions that people could take. Hence, the name "click-through rate." This number shows the people who move through your website or marketing campaigns.

CTR은 「광고가 클릭된 횟수를 광고가 게재된(노출된) 횟수로 나눈 값」이다.

- clicks/impressions x 100 = 클릭수/노출수 × 100 = CTR%
  예를 들어 클릭수가 5회, 노출수가 100회인 경우 CTR은 5/100 = 5% 이다.

 ## Cold Calling(안면없는 특정 고객 대상의 마케팅/판매 전화/방문)

Approaching prospective clients by phone or face-to-face without having ever had any interaction with them before.

마케팅/판매 목적의 대 잠재 고객 전화*

> * *Don't make calls to any company in the morning of Monday, as every one is busy. If you make a cold call at that time, it would terribly affect your sales.*
> 잠재 고객에게 전화 거는 시간을 신중히 고려하여야 한다. 잠재 고객이 바쁘지 않을 때 전화해야 마케팅/판매 기회를 잡을 수 있다.

 ## Comparative Advertising(비교 광고)

The type of advertising in which a company makes a direct comparison to another brand, firm or organization.

대부분의 사람들은 절대지수보다 상대지수를 잘 이해한다. 왜냐하면 비교 대상이 있기 때문이다. Comparative advertising 이란 동일한 제품군이나 서비스군에 속한, 둘 이상의 특정한 브랜드를 자사의 광고 내에 등장시켜 비교하는 광고를 의미한다.

 ## Consumer Behavior(소비자 행동)

Consumer behaviour is the study of individuals, groups, or organizations and all the activities associated with the purchase, use and disposal of goods and services, including the consumer's emotional, mental and behavioural responses that precede or follow these activities.

소비자행동이란 제품이나 서비스 구매와 관련한 소비자(개인/조직)의 일련의 모든 행동 및 심리적 의사결정 과정을 의미한다.

Content Management System (CMS, 내용관리시스템)

A program that manages all of the aspects of creating content. These may include editing, indexing, navigational elements, etc.

웹 내용의 작성/변경/제거 등의 웹 사이트의 내용을 관리하는 시스템을 의미한다.

 ## Conversion Path

A conversion path is a description of the steps taken by a user of a website towards a desired end from the standpoint of the website operator or marketer. The typical conversion path begins with a user arriving at a landing page and proceeding through a series of page transitions until reaching a final state, either positive (e.g. purchase) or negative (e.g. abandoned session).

웹 사이트 운영자 또는 마케팅 담당자의 관점에서 웹 사이트 사용자가 원하는 목적을 위해 취한 단계에 대한 설명을 전환 경로라고 한다. 일반적인 전환 경로는 사용자가 방문 페이지에 도착하여 최종 상태 (예: 구매) 또는 부정 (예: 포기한 세션)에 도달 할 때까지 일련의 페이지 전환을 진행하는 것으로 시작한다.

 ## Conversion Rate (전환율)

Percentage of people who take a desired action, such as filling out a form, registering, signing up for a newsletter, or any activity other than just browsing a web page.

웹페이지 방문자 수 대비 마케터가 유도한 행동을 한 방문자의 수. 구매, 양식 작성, 구독, 다운로드 등을 예로 들 수 있다.

Corporate Identity (CI)

All symbols, colors, logos, and so on that make up the public image of a company.

기업의 이미지를 구성하는 모든 심벌, 칼라, 로고 등으로 일반적으로 브랜딩 및 상표의 이용을 통해 시각적으로 나타낸다. 기업의 존재 가치를 높이기 위한 기업 전략의 하나이다.

Cost Per Lead (CPL)

CPL is the basic formula in a string of marketing metrics that will help you gauge the effectiveness of your marketing. Getting CPL will help you make better strategic marketing decisions

CPL은 마케팅 효과를 측정하는 데 도움이 되는 일련의 마케팅 메트릭스들 중 기본 수식이며, CPL을 파악하면 보다 나은 전략적 마케팅 결정을 내릴 수 있다.

- CPL = Total Marketing Spend / Total New Leads

Customer Loyalty (고객 충성도)

Customer loyalty shows whether a consumer is a repeat buyer of a product, service or brand of the same company over a long period of time. If you consistently meet or exceed customer expectations, you will develop strong customer loyalty.

한 기업의 제품, 서비스, 브랜드 등에 대한 고객의 장기간의 행동

■ **customer loyalty program/scheme** (고객 충성도 강화 프로그램)
   Our customer loyalty program offers rewards and incentives to regular customers.
   ➡ brand loyalty (상표 충성도)는 상표에 대한 애정 정도

Customer Relationship Management(CRM, 고객 관계 관리)

Customer relationship management(CRM) is an approach to manage a company's interaction with current and potential customers. It uses data analysis about customers' history with a company to improve business relationships with customers, specifically focusing on customer retention and ultimately driving sales growth.

CRM은 고객 정보를 수집하고 그 정보를 효과적으로 활용해 「신규고객 발굴 → 고객 충성도 유인 → 고객가치 증진 → 평생 고객화」와 같은 절차를 거쳐 고객을 적극적으로 발굴/관리/유지하며 고객의 가치를 극대화시키기 위한 기업 마케팅 전략의 일환이다.

기업은 이러한 CRM을 통해 다양한 이익을 창출할 수 있으며, 고객의 이탈을 방지하고 충성도 높은 고객을 유지할 수 있으며, 잠재고객을 활성화시켜 수익증대효과는 물론 과학적으로 분석, 마케팅 활동을 효율적으로 수행함으로써 비용절감효과를 기대할 수 있다.

 ## Data Visualization(데이타 시각화)

Data visualization is the graphic representation of data. It involves producing images that communicate relationships among the represented data to viewers of the images. This communication is achieved through the use of a systematic mapping between graphic marks and data values in the creation of the visualization.

데이터 시각화는 데이터 분석 결과를 쉽게 이해할 수 있도록 시각적으로 표현하고 전달되는 과정을 의미하며, 데이터 시각화의 목표는 도표라는 수단을 통해 정보의 명확하고 효과적인 전달이다.

 ## Demographics(실태적 인구통계학적 분석)

A specific profiling aspect that takes into consideration age, gender, income, family life, social class, etc. It's often used in segmentation or for focal points in marketing and advertising strategies.

특정 분야에 대한 사람들의 연령별 분포, 성별 분포, 학력별 분포, 취미별 분포 등과 같은 인구와 관련된 통계들을 분석 하는 것을 인구통계학적 분석 이라 한다.

Diffusion of Innovations(혁신 확산 이론)

Diffusion of innovations is a theory that seeks to explain how, why, and at what rate new ideas and technology spread.

혁신확산이론은 사람들이 새로운 기술을 수용하는 태도를 다룬다. 자주 사용되는 얼리어 답터(early adopter)도 이 이론 속 5가지 태도 중 하나이다.

Digital Marketing(Online Marketing)

Marketing to a target audience solely via the internet. Digital marketing could be email marketing, content marketing, etc.

Digital marketing 은 인터넷 기반 장치를 통한 온라인 광고로 소비자들에게 제품과 서비스를 알리고, 판매하는 것이다. 웹 브라우저, 스마트폰, (콘솔) 게임 등이 대표적인 인터넷 기반장치의 예 이다. 디지털 마케팅에는 크게 Pull 과 Push 두 가지 종류가 있다.

- Pull(유인형) 디지털 마케팅이란, 소비자가 이메일, 문자 메시지나 뉴스 피드를 통해 특정 기업의 판매품목에 대한 광고 전송을 허가하는 것과 소비자가 직접 인터넷을 통해 특정 품목을 자발적으로 검색하는 것, 이 두 가지로 이루어진다.

- Push(강요형) 디지털 마케팅이란, 웹사이트나 인터넷 뉴스에서 보이는 광고처럼, 판매자가 수신자의 동의 없이 광고를 보내는 것이다.

Direct Mail(DM)

A means of advertising communication that reaches a consumer where they live or their place of business, through the mail, often based on demographics and/or geographical location.

DM은 우편/택배 서비스를 통해 집이나 회사로 실제 판촉물(브로슈어, 편지, 전단지, 뉴스 레터, 카탈로그, 팜플릿, 엽서, 쿠폰 봉투, 패키지)를 보내는 마케팅 형태이다. 다이렉트 메일은 일반적으로 수취자의 의사와 무관하게 발송한다. 일부 수신자는 이를 「junk mail」이라고 한다.

 ## Direct Marketing(DM)

DM is dealing directly with the 「end user」 rather than a third party or a middle man. Also DM can be seen as directly communicating with your primary target audience. It can come in the form of advertising, marketing or communications.

기업과 고객간의 직접적 쌍방향적 의사소통을 지향하는 마케팅 기법으로, 고객과의 지속적, 직접적 개별적 접촉을 통해 고객의 평생가치를 극대화시킴으로써 기업의 경쟁력을 강화하는데 있다.

 ## E-Commerce(전자상거래)

The means of selling products digitally on the internet.

e커머스(전자상거래)는 인터넷 웹사이트상에 구축된 on-line 상점을 통해 제품/서비스를 매매하는 모든 행위를 말한다. 최근 스마트폰 확산에 따라 PC를 기반으로 하는 전자상거래 시장의 무게중심이 모바일 쇼핑으로 이동되고 있다.

 ## Elevator Pitch(엘리베이터 피치)

An elevator pitch, elevator speech, or elevator statement is a short description of an idea, product or company that explains the concept in a way such that any listener can understand it in a short period of time. This description typically explains who the thing is for, what it does, why it is needed, and how it will get done. Finally, when explaining an individual person, the description generally explains one's skills and goals, and why they would be a productive and beneficial person to have on a team or within a company or project. An elevator pitch does not have to include all of these components, but it usually does at least explain what the idea, product, company, or person is and their value.

An elevator pitch can be used to entice an investor or executive in a company, or explain an idea to a founder's parents. The goal is simply to convey the overall concept or topic in an exciting way. Unlike a sales pitch, there may not be a clear buyer-seller relationship.

엘리베이터 피치(elevator pitch)란 어떤 상품, 서비스 혹은 기업과 그 가치에 대한 빠르고 간단한 요약 설명이다. 「Rocket pitch(로켓 피치)」라고도 한다. 엘리베이터 피치라는 단어는 엘리베이터에서 중요한 사람을 만났을 때 자신의 생각을 요약하여 20초 ~ 3분이라는 짧은 시간에 전달할 수 있어야 한다는 의미로 지어졌다.

엘리베이터 피치는 주로 말, 글, 비디오의 형태로 전달된다. 프로젝트 매니저, 세일즈맨, 정책 결정자 등 여러 사람들은 엘리베이터 피치를 연습하고 실제로 사용하여 자신의 주장을 빠르게 전달한다. 또, 기업가들은 자본가나 투자가의 투자를 받기 위하여 엘리베이터 피치를 이용한다. 몇몇 자본가는 아이디어의 가치를 엘리베이터 피치를 듣고 결정하기 때문이다.

Engagement Rate(ER)

An engagement rate is a metric that measures the level of engagement that a piece of created content is receiving from an audience. It shows how much people interact with the content. Factors that influence engagement include users' comments, shares, likes, and more.
• ER = sum of engagements/followers x 100

ER은 대중이 콘텐츠와 얼마나 상호작용을 하는지를 보여주는 지표이다. 이를 측정하기 위한 예로는 댓글, 공유, 좋아요 등에 대한 양적인 고려가 있다.

Ethical Considerations (윤리적 고려 사항)

an accumulation of values and principles that address questions of what is good or bad in human affairs. Ethics searches for reasons for acting or refraining from acting; for approving or not approving conduct; for believing or denying something about virtuous or vicious conduct or good or evil rules.

인간의 일에서 좋은지 나쁜지에 대한 질문을 다루는 가치와 원칙의 축적. 윤리는 행동하거나 행동을 삼가는 이유를 검색한다. 행동을 승인 또는 승인하지 않기 위해, 덕스러운 행동, 선악한 행동에 관한 것을 믿거나 부인하는 행위.

 ## First Penguin (선구자, 도전자)

The title of the award comes from the notion that when penguins are about to jump into water that might contain predators, well, somebody's got to be the first to jump. The First Penguin award is, in essence, a celebration of risk taking.

바다에 펭귄을 잡아먹는 바다표범등이 있어, 남극 펭귄들이 사냥하기 위해 바다로 뛰어드는 것을 두려워하지만 펭귄 한 마리가 먼저 용기를 내 뛰어들면 무리가 따라서 바다로 들어간다는 데에서 유래되었다. 즉, 불확실성을 감수하고 새로운 아이디어나 기술력을 갖고 새 시장에 과감히 뛰어들어 도전하는 「선구자, 도전자」가 되는 기업이나 사람을 의미한다.

- **penguin effect**(펭귄효과)

    다른 사람이 상품을 사면 이를 따라 사는 구매 행태를 말한다. 이는 한 마리의 펭귄이 용기를 내 먼저 바다에 뛰어들면 다른 펭귄들도 잇따라 바다에 뛰어드는 습성인 first penguin에서 비롯된 용어다.

Hashtag (해시태그)

A keyword phrase, written without spaces, with a # in front of it. It allows you and your audience to interact and converse about specific topics on social media.

해시태그(hashtag)는 게시물에 일종의 꼬리표를 다는 기능이며, 특정 단어/문구 앞에 해시('#')를 붙여 연관된 정보를 묶을 때 쓴다. 해시 기호 뒤 문구는 띄어 쓰지 않는다. 띄어 쓰면 해시태그가 아닌 것으로 인식한다.

Implementation Plan (시행 계획서)

Detailed listing of activities, costs, expected difficulties, and schedules that are required to achieve the objectives of the strategic plans.

전략 계획의 목표를 달성하는 데 필요한 활동, 비용, 예상되는 어려움 및 일정에 대한 자세한 목록.

Inbound Marketing (인바운드 마케팅)

Inbound marketing is a business way to attract customers by creating valuable content and experiences tailored to them. Inbound marketing forms connections they are looking for and solves problems already known to them.

인바운드 마케팅은 고객에게 특화시킨 귀중한 컨텐츠와 경험을 제공하여 고객을 유치 할 수 있는 비즈니스 방법이다. 인바운드 마케팅은 고객이 찾고 있는 것들을 연결해주고 이미 알려진 문제를 해결한다.

Infographic (데이타 시각화)

A type of content that is visual in nature, making complex information easy to understand and digest.

Data visualization(데이타 시각화)는 데이터 분석 결과를 쉽게 이해할 수 있도록 간결한 도표/그림이라는 시각적 수단을 통해 정보를 효과적으로 전달하는 주요한 마케팅 수단이다. 때로는 한 장의 그림이 책 한 권의 설명보다 더 설득력이 있기 때문이다. 우리 속담에도 백 번 듣는 것보다 한 번 보는 게 낫다고 했다.

Internal Marketing (내부 마케팅)

Efforts to offer a marketing plan to individuals and executives within your own firm to gain their approval and/or support.

인터널 마케팅(Internal Marketing, 내부 마케팅)은 소비자에 대한 마케팅에 앞서, 우선 기업 내부 임직원들의 욕구를 충족시키는 것이 중요하다는 자각에서 출발했다

Key Peformance Indicator (KPI, 핵심성과지표)

A means to measure the performance of various factors, from employee functions to marketing tactics. Tracking KPIs will help your organization achieve its goals.

KPI는 조직 목표 달성을 위한 핵심 관리 요소들에 대한 성과 지표를 의미한다. 예를 들면, 매출 달성, 이익 최대화, 수율 향상, 고객만족도 상승, 고객 클레임 최소화가 있다. 이는 조직의 종류, 목표 등에 따라 달라진다. 즉, KPI는 Metrics의 한 부분이다.

Lead (리드)

Lead is an individual or a company that has shown interest in one of your products or services.

Lead는 「우리의 제품이나 서비스에 관심이 있는 사람」을 의미한다. 리드가 된 사람을 고객으로 만들고 결제까지 하게 하는 것이 모든 기업의 궁극적인 목표이다.

Lead → MQL (Marketing Qualified Lead) → SQL (Sales Qualified Lead) → Opportunity → Customer/Revenue 의 단계를 걸쳐 결제함으로써 고객이 된다. 즉, 그림의 sales funnel*과 같이 Lead가 각 단계를 거쳐 대상자가 감소하면서 고객이 탄생된다.

> * Sales Funnel (영업 깔대기) : The entire sales process as a whole from prospect to paying customer - and all marketing, advertising and sales processes in between.
> Sales funnel은 「소비자를 고객으로 이끌어 내는 일련의 과정」의 성공율을 시각적으로 표시한 것이다.

■ Marketing Qualified Lead (MQL)

A lead that is ready to be handed over to the sales team. An MQL has had some sort of positive interaction with the company such as a discussion, downloading marketing products, etc., that deems them worthy to move to the next level of the sales funnel.

마케팅이 성공하여 판매부서에서 판매 활동을 할 가치가 있는 lead.

■ Sales Qualified Lead (SQL)

A sales qualified lead (SQL) is a prospect created by the marketing department and vetted by the sales team. After initial contact from marketing, sales continues the interaction exploring their interest and capability to purchase.

SQL (영업 적격 리드)는 마케팅 부서에서 생성하고 판매팀에서 심사한 잠재 고객이다. 마케팅 부서의 초기 연락 후에도 판매 부서는 잠재 고객의 관심과 구매력을 탐구하는 활동을 계속한다.

 ## Lean Strategy

Lean strategy means that the company charts its course to improve its profit by reducing costs, or by becoming the highest quality or most responsive supplier in its market.

린(lean) 전략이 의미하는 것은 회사의 slim화 및 효율적 운용으로, 즉, 회사는 비용을 줄이거나 시장에서 최고 품질을 생산하거나 가장 대응이 빠른 공급업체가 되어 수익을 개선하기 위해 노력하는 것이다. 한마디로. 불필요한 요소를 제거, 불필요한 재고를 최소화, 생산/업무/대응 시간 단축 등등으로 회사 운영의 최적화를 꾀하는 것이다.

 ## Lifetime Customer Value(평생 고객 가치)

A prediction of the net profit attributed to the entire future relationship with a customer.

소비자의 평생 구매로 발생되는 예상 이익 흐름에 대한 현재가치를 의미하며, 장기적인 관점에서 판매자가 수익성을 극대화하기 위해 사용하는 개념이다.

 ## Margin(이익)

The profit gained from a product or service after all expenses for selling that product or service are covered.

상거래 용어로는 판매가격과 매출원가와의 차액, 즉 매출 총이익. 이런 매출 총이익에서 일반관리비와 판매비를 공제한 것이 영업이익(또는 영업손실)이다. 또 마진은 단순히 이익이라는 의미로도 사용된다.
☞ 생산비를 메울 만한 최저수익이라는 뜻도 가지며,
☞ 증권거래에서의 위탁증거금을 뜻하기도 한다.

Marketing Automation(마케팅 자동화)

This is the tool that lets you "automate" your marketing campaigns. Through lead nurturing, behavior-based strategies and more, you can use marketing automation to send the right marketing messages to the right people at the right time.

마케팅 툴을 통해 마케팅을 자동적으로 처리하도록 하는 것.

 ## Marketing Mix(마케팅 믹스)

The marketing mix(also known as the 4 Ps) is a foundation model for businesses. The marketing mix has been defined as the "set of marketing tools that the firm uses to pursue its marketing objectives in the target market". Thus the marketing mix refers to four broad levels of marketing decision, namely, product, price, place, and promotion.

마케팅 목표를 효과적으로 달성하기 위하여 마케팅 활동에서 사용되는 다양한 방법을 전체적으로 균형이 잡히도록 조정/구성하는 일.

마케팅 믹스는 고정된 것이 아니라 기업이나 제품에 따라 달라지며, 환경변화에 탄력적으로 대응하며 조정된다. 마케팅 믹스를 보다 효과적으로 구성함으로써 소비자 욕구/필요를 충족시키며, 매출/이익/이미지/사회적 명성/ROI(return on investment: 투자자본이익률) 등과 같은 기업목표를 달성할 수 있다.

마케팅 믹스는 몇 가지 서브 믹스(submix)로 성립된다.
○ 제품/서비스믹스
  ☞ 브랜드, 가격, 제품라인, 스타일, 색상, 디자인, 서비스, 등
○ 유통 믹스
  ☞ 수송, 하역, 보관, 재고, 소매상, 도매상 등
○ 커뮤니케이션 믹스
  ☞ 인적판매, 광고, 판매촉진, 디스플레이, 퍼블리시티, 머천다이징, 카탈로그 등

Market-based Pricing(시장 기반 가격 책정)

Similar to competition-based pricing in the sense that this type of pricing is based upon of the streamlined/current pricing for a specific product or service within the same industry.

이러한 유형의 가격 책정은 동일한 산업 내 특정 제품 또는 서비스에 대한 간소화 된 현재 가격 책정을 기반으로 한다는 점에서 경쟁 기반 가격 책정과 유사하다.

 ## Market Development(시장 개척)

The act of taking an existing product or service to a new market.

기존 제품 또는 서비스를 새로운 시장에서 공급하려고 노력하는 행위이다.

 ## Market Penetration(시장 침투)

A strategy used to sell more of an existing product within the current markets it is being sold.

현재 유사 제품이 판매중인 시장에서 자사의 현 제품을 더 많이 판매하는 데 사용되는 전략이다.

 ## Market Research(시장 조사)

High-intelligence research and development of a specific industry for the betterment of sound business decisions.

최적의 비즈니스 의사 결정을 위한 특정 산업들에 대한 다각적 조사이다.

Metrics(메트릭스)

Metrics are measures of quantitative assessment commonly used for assessing, comparing, and tracking performance or production.

메트릭스란 업무 수행 결과를 보여주는 계량적 분석이다.

 Monthly Recurring Revenue(MRR, 매달 발생되는 판매 수익)

The amount of income produced each month from subscriptions to your products or services.

가입에서 제품 또는 서비스에 이르기까지 매달 발생하는 수입 금액.

 New Product Development(NPD, 신제품 개발)

The creation of a new product that involves research, development, product testing and launching.

 Niche Market/Business(틈새시장, 틈새사업)

A very specific segment of a market in which you are trying to meet the needs of that market.

원래 니치(niche)란 적소, 특정분야, 특정 활동범위를 나타내는 말로서 니치시장은 곧 적소 (틈새)시장, 특정분야의 소규모 시장을 의미한다. 마케팅적 시각에서 니치시장은 시장점유율이 낮은 기업이나 후발 기업이 기존시장에의 직접적 진출을 피하면서 아직 선점되지 않은 분야를 공략하여 자신의 입지를 넓혀 가는 전략을 가지고 있을 때 선택된다.

Pay Per Click(PPC)

A method of advertising on the internet where you only pay when someone 「clicks」 on your ad.

PPC는 온라인상에서 검색 엔진을 사용하여 검색한 결과에 나오는 광고에서 사용자가 해당 광고를 클릭할 때 지불하는 광고 비용이다. PPC의 효율 향상을 위해 SEM (Search engine marketing), SEO (Search engine optimization) 캠페인 등이 이루어진다. 검색 엔진마다 시스템이 다르기 때문에 이에 맞게 최적화를 시킬 필요가 있다.

Portfolio

A series of case studies that provide proof of value to potential customers.

원래는 서류가방/자료 수집철이란 의미이나 투자론에서는 하나의 자산에 투자하지 않고 주식, 채권, 부동산 등 둘 이상의 자산에 분산 투자할 경우 금융자산 등 각종 자산들의 구성을 의미한다.

Positioning Statement

A positioning statement is an expression of how a given product, service or brand fills a particular consumer need in a way that its competitors don't. Positioning is the process of identifying an appropriate market niche for a product (or service or brand) and getting it established in that area.

포지셔닝은 특정 제품, 서비스 또는 브랜드가 경쟁 업체가 하지 않는 방식으로 특정 소비자의 요구를 채우는 방식을 서술한다. 고객은 자신이 인지한 제품 속성에 따라 특정 제품군에 대한 브랜드별 우선순위를 설정하며, 이를 position(포지션)이라고 한다. 또 기업은 고객의 마음속에 자사 제품 또는 서비스가 경쟁자의 것과 다르게 인식되도록 마케팅믹스를 조합하는데, 이를 positioning(포지셔닝) 이라고 한다.

즉, 타깃 마켓 시장에서 제품에 대한 특정한 인식, 이미지를 형성하는 것이다. 제품의 포지션은 고객의 관점에서 결정되며, 제품의 속성은 경쟁사에 비해 차별화된 속성을 가지고 있어야 한다. 그리고, positioning을 위해 접근하는 방법을 positioning approach 라고 한다.

Public Relations (PR, 홍보)

A series of media releases, conferences, social images, etc., that make up and maintain the reputation of an organization and its brands.

조직 및 브랜드의 명성을 구성/유지하는 일련의 미디어, 컨퍼런스, 이미지 등

Research and Development (R&D, 연구 개발)

The process of discovering and developing new products and services.

신제품 연구 개발

Return On Investment (ROI, 투자자본 수익율)

A way to measure the profitability of the investment you make in marketing, sales, etc. If the ROI on an investment is negative, it generally means you're losing money on that endeavor. Measuring the ROI on marketing efforts is a savvy way to ensure you're putting your money into the strategies that bring results.

ROI는 투자자본수익률이라고 하며, 투자자본 대비 이익이 얼마나 창출되었는지를 보여준다. 투자재원은 주주들이 납입한 자기자본과 외부 차입금으로 구성된다. 문제는 투자가 얼마나 수익성이 있는가에 달려있다.
☞ ROI = 순이익/투자자본 × 100

 **Referral** (의뢰서)

A prospect or lead generated from someone who may be interested in what the salesperson is selling.

의뢰서란 상품을 매입하기 위하여 사전에 견적 의뢰 등을 요청하기 위해 작성하는 문서이다. 상품 매입 의사가 있을 시에는 물품에 관한 견적사항을 미리 요청하여 공급자와 조율할 필요가 있다. 따라서 「공급 가능한 내용 및 제반 비용을 미리 알려주기를 바란다」는 내용의 의뢰서를 작성하여 공급자에게 발송하게 된다.

 Relationship Marketing (관계 마케팅)

Establishing relationships with the intent of developing a long-term association with a prospect or potential customer. This strategy is much less expensive than gaining new customers.

고객과의 관계를 형성, 유지, 발전시켜 장기 고객화하는 목적의 마케팅으로서 신규 고객 개척에 비해 비용이 저렴하다.

 Search Engine Optimization (SEO, 검색엔진 최적화)

A method to increase a webpage's performance in web search results. By tweaking elements on a webpage (there are on-page and off-page SEO factors), you can move a webpage up on a search result "page."

Marketers generally want to get their website page to appear on page 1 of the search results, ideally at the very top of the page. SEO elements include keywords, title and image tags, links, and more.

인터넷의 바다에는 글도 있고, 인포그래픽, 카드뉴스, 동영상 등 무수히 많은 콘텐츠가 돌아다닌다. 콘텐츠를 만드는 주된 사유는 기업이나 단체의 홍보 목적이 대부분이다. 그런데 열심히 공들여 만들어 놓은 정보가 생각보다 읽히지 않는다면 마케팅하는 입장에서는 김빠

지는 일이다. 이럴 때 한번 짚고 넘어가야 하는 것이 「검색엔진 최적화(SEO)」이다.

Situation Analysis(상황 분석)

Situation analysis refers to a collection of methods that managers use to analyze an organization's internal and external environment to understand the organization's capabilities, customers, and business environment.

상황 분석(situation analysis)은 경영자들이 조직의 능력, 고객, 그리고 사업환경을 이해할 목적으로 조직의 내부 및 외부 환경을 분석하기 위해 사용하는 방식들이다.

Smarketing(에스마케팅)

Smarketing is the integration of sales and marketing. The objective is for the sales and marketing functions to have a common integrated approach. This can lead to annual revenue growth.

에스 마케팅은 영업과 마케팅의 통합이다. 목표는 영업 및 마케팅 기능이 공통된 통합 접근 방식을 갖도록 하는 것이며, 이는 연간 매출 성장으로 이어질 수 있다.

Social Marketing(소셜 마케팅, 사회적 마케팅)

Social marketing has the primary goal of achieving "social good". Traditional commercial marketing aims are primarily financial, though they can have positive social effects as well. In the context of public health, social marketing would promote general health, raise awareness and induce changes in behaviour.

소셜 마케팅은 "사회적 이익"을 달성하는 주요 목표가 있다. 다시 말해 기업이 이익을 추구하는 것처럼 조직이 공적 이익을 위해 마케팅을 하는 것이다. 보통, 소셜 마케팅의 주요 목표는 대상의 행동 변화이다.

Ten steps of social marketing

- describe the social issue, background, purpose and focus
- conduct a situation analysis
- select a target audience
- set behavior objectives and target goals
- identify barriers, benefits, motivators, the competition, and influential others
- craft a desired positioning
- develop the strategic marketing mix ➡ product, price, place, promotion
- develop a plan for monitoring and evaluation
- establish budgets and find funding
- create and implementation plan

 ## Social Media(소셜미디어)

No list of marketing and sales terms would be complete without addressing this important component. Platforms like Facebook, Twitter, Instagram and Snapchat that help users connect. Marketers use these networks to increase awareness, grow their customer base and achieve business goals.

소비자와 연결시켜 주는 Facebook, Twitter, Instagram, Snapshot과 같은 중요한 플랫폼을 활용하여야 마케팅 및 판매 조건을 완성할 수 있다. 마케팅 담당자는 이러한 네트워크를 사용하여 인지도를 높이고 고객 기반을 늘리며 비즈니스 목표를 달성한다.

 ## Social Media Measurement(소셜 미디어 측정)

「social media monitoring」 or 「social listening」 is a way of computing popularity of a brand or company by extracting information from social media channels, such as blogs, wikis, news sites, micro-blogs such as Twitter, social networking sites, video/photo sharing websites, forums, and user-generated content from time to time.

소셜 미디어 모니터링 또는 소셜 리스닝은 블로그, Wiki, 뉴스 사이트,와 같은 social

media channel. Twitter, social networking sites, 비디오/사진 공유 웹싸이트, 포럼과 같은 마이크로 블로그 와 사용자 생성 컨텐츠 정보를 추출하여 브랜드 또는 회사의 인기를 계산하는 방법이다.

Social Stratification (사회계층)

Social stratification is a kind of social differentiation whereby members of society are grouped into socioeconomic strata, based upon their occupation and income, wealth and social status, or derived power (social and political).

사회 계층화는 사회 구성원이 직업과 소득, 부와 사회적 지위, 또는 파생 된 권력(사회적, 정치적)에 따라 사회 경제적 계층으로 분류되는 일종의 사회적 차별화를 의미한다.

Subculture (하위문화)

A subculture is a group of people within a culture that differentiates itself from the parent culture to which it belongs, often maintaining some of its founding principles. Subcultures develop their own norms and values regarding cultural, political and sexual matters.

서브컬쳐(하위문화)는 한 사회에서 정통적/전통적인 위상을 지닌 문화에 대해, 그 사회의 일부 집단에 한정하여 일정한 위상을 지닌 문화를 의미한다.

SWOT Analysis (SWOT 분석)

An internal study often used by organizations to identify their strengths, weaknesses, opportunities and threats.

기업의 환경분석을 통해 강점(strength)과 약점(weakness), 기회(opportunity)와 위협(threat) 요인들을 규정하고 이를 토대로 마케팅 전략을 수립하는 기법이다. 단어 앞자를 따서

SWOT 분석이라고 한다.

기업의 내부와 외부 환경을 분석하여 강점/약점/기회/위협을 찾아내어 이를 토대로 강점
은 살리고 약점은 죽이고, 기회는 활용하고 위협은 억제하는 마케팅 전략을 수립하는 것을
의미한다.

S Strengths 　・ 　・ 　・	W Weakness 　・ 　・ 　・
O Opportunities 　・ 　・ 　・	T Threats 　・ 　・ 　・

■ **SO전략**(strength opportunity 강점-기회전략)
　시장의 기회 활용을 위해 강점 사용 전략.

■ **ST전략**(strength threats 강점-위협전략)
　시장 위협 회피하기 위해 강점을 사용하는 전략.

■ **WO전략**(weakness opportunity 약점-기회전략)
　약점을 극복함으로써 시장의 기회를 활용하는 전략.

■ **WT전략**(weakness threas 약점-위협전략)
　시장의 위협을 회피하고 약점을 최소화하는 전략.

 Target Marketing(타깃 마케팅)

A group of customers toward which a business has decided to aim its marketing
efforts and merchandise.

특정 대상을 목표로 하는 마케팅.

Teach-back Method(학습자 주도 재교육)

The teach-back method, also called the "show-me" method, is a communication confirmation method used by healthcare providers to confirm whether a patient (or caretakers) understands what is being explained to them. If a patient understands, they are able to "teach back" the information accurately.

「Show-me」 방법이라고도 하는 teach-back 방법은 의료 제공자가 환자에게 설명되는 것을 환자가 이해하는지 확인하기 위해 의사가 사용하는 통신 확인 방법으로, 환자가 이해한다면, 의료제공자가 제공한 정보를 그대로 가르치는 것을 시작할 수 있다.

Teach-back 기법은 교수자가 교육생들을 대상으로 강의를 진행한 후에, 교육생 각자가 교육내용 중 한 부분을 담당하여 타 교육생들에게 다시 강의하는 것으로 교육내용에 대한 완전한 이해를 유도하는데 목적이 있다.

Technology Adoption Life Cycle(기술 수용 라이프 사이클)

The technology adoption life cycle is a sociological model that describes the adoption or acceptance of a new product or innovation, according to the demographic and psychological characteristics of defined adopter groups. ... early adopters - younger, more educated, tended to be community leaders, less prosperous.

기술 수용 라이프 사이클은 정의된 채택자 그룹의 인구통계학적 및 심리적 특성에 따라 새로운 제품 또는 혁신의 채택 또는 수용을 설명하는 사회학적 모델이다. 시간이 지남에 따라 채택되는 과정은 일반적으로 고전적인 정규 분포 또는 "종 곡선"으로 표시한다.

Unique Selling Proposition(USP)

A factor that differentiates a product from its competitors, such as the low cost, the quality, etc.

상품이나 서비스의 유일하고 독특한 이점. 한 마디로 Why our products?

User Experience(사용자 경험)

The experience a user has with your brand/website, from the moment they discover you, through the purchase and beyond – where customers become advocates.

사용자가 어떤 제품이나 서비스를 직·간접적으로 이용하면서 축적하게 되는 총체적 경험.

Value Proposition(가치 제안)

A value proposition means the value which a company promises to deliver to customers when they choose to buy its product. A value proposition is a business or marketing statement that a company uses to summarize why a consumer should buy a product or use a service. This statement convinces potential consumers that one particular product or service the company offers will add more value or better solve a problem for them than other similar offerings will. In a word, why our product?

Value Proposition이란 회사가 소비자가 제품을 구매하거나 서비스를 사용해야 하는 이유를 요약하기 위해 사용하는 비즈니스 또는 마케팅 설명이다. 이러한 설명은 잠재적 소비자에게 회사가 제공하는 제품이나 서비스가 다른 유사한 제품보다 가치가 높거나 문제를 더 잘 해결할 것이라고 확신을 준다. 즉, 왜 우리 제품을 선택하여야 되는지에 대한 설득력있는 설명이다.

Value Proposition은 타겟의 문제 해결을 돕기 위해 그들에 대한 심층적 분석으로 만들어진다. 이를 위해, Value proposition canvas가 사용된다. 이는 Customer(Wants, Fears, Needs)와 Product(Benefits, Features, Experience)로 구성된다.

Viral Marketing(바이럴 마케팅)

A method of product promotion that relies on getting customers to market an idea, product or service on their own.

바이럴 마케팅(viral marketing)은 네티즌들이 소셜 미디어를 통한 공유 등의 방식으로 자발적으로 어떤 기업이나 기업의 제품을 홍보할 수 있도록 컨텐츠를 제작하는 마케팅 기법으로, 컴퓨터 바이러스처럼 확산된다고 해서 viral marketing 이라고 한다.

Workflow Management(작업흐름 관리)

The general understanding of workflow management or business process management is the automation of business processes. This includes orchestration of all parts of the business process, the management of all user interactions and administrative tasks.

기업이나 단체의 업무에 관련된 정보를 공유하고 그 흐름을 관리하는 것. 업무 처리 과정은 정형화된 규칙에 따라 사람에서 사람, 부문에서 부문으로 흘러가는데, 이것을 컴퓨터로 관리함으로써 처리 과정상의 오류나 착오를 방지하고 전체적인 업무 효율을 향상시키기 위한 것이다.

Chapter VII
R&D and Production

MBA English - *Basics*
Global 경영·금융·증권·회계·외환·무역·마케팅 용어집

01
R&D

 NRE (Non-recurring engineering, 초기 개발비)

Non-recurring engineering costs are one-time up-front costs for new product development. This includes wages, supplies, proprietary capital equipment construction costs, etc. It is all pre-production cost. Once developed and manufactured, those up-front costs are no longer incurred anymore, hence the "non-recurring" aspect of the costs.

신제품을 연구/설계/개발하는 최초의 비용을 초기 개발비 (Non- recurring engineering, NRE) 라고 한다. 어떤 제품의 초기 개발비는 상당히 비쌀 수 있으며, 초기 개발비를 회수하기 위해서 상당히 많은 양의 제품이 판매되어야 한다. 초기 개발비는 제품을 양산하는 생산 비용과 별개의 사안이다.

 제품 개발 절차

어떤 제품이든 개발에서 시장 출시의 과정을 간략히 보면, product idea → design sketch → rendering sample → working mock-up sample → tooling → field test → PP(pilot production) → MP(mass production)의 단계를 거친다.

각 단계에서 품평회를 개최, trouble-shooting을 반복, engineering change하면서 제품을 개발한다.

물론 이 과정에서 개발하다 drop 되는 제품이 많다.
- rendering sample (non-working sample): 작동되지 않는 기구적인 견본
- working sample: 작동 견본
- prototype: 견본 (작동 유무 상관없이)

통신제품 연구소 연구원 구성

핸드폰 같은 통신제품을 만들려면, software engineer, hardware engineer, mechanical engineer, designer가 필요하다.

- software engineer: 제품의 S/W 담당
- hardware engineer: 제품의 PCB 설계, 전자 통신 부품 담당
- mechanical engineer(기구 연구원): 제품의 기구적인 사항(금형/사출 등) 담당, 제품의 기구 부품 담당
- designer: 전체적인 외관 모양 담당

이 각 분야의 연구원들의 힘이 합쳐져야 멋진 제품이 탄생한다. 큰 회사는 디자인 연구소가 별도로 운영된다.

 Aging test (노화 시험, 가혹시험)

제품을 혹독한 조건 속에서 오래 동안 사용할 경우, 제품에 불량이 발생되는지, 불량의 정도가 어떠한지를 보는 것이다. 이는 제품 자체의 내구성을 측정하여 시장 불량을 최소화하기 위함이다.

예를 들어, 태양광 모듈의 경우, 제품 출시 후 20년을 보장한다. 20년 사용 후 어떤 일이 있을지 어떻게 알 수 있을까? 외부의 혹독한 환경을 설정하여 테스트함으로써 simulation 할 수 밖에 없다.

그리고 각 aging 단계별로 제품의 내구성을 측정하는 경우도 있는 바, 이를 accelerated aging test(가속 노화 시험)이라고 한다.

 Approval for Parts (부품승인원)

모든 협력업체는 부품 승인원을 완제품 연구소에 제출, 그 부품에 대한 양산 승인을 받아야 해당 부품을 양산하여 완제품 업체에 공급 가능하다. 이 양산 승인이 떨어져야 구매부

서의 발주가 가능하다. 사양 변경이 계속 일어나고 제품 출시일은 잡혀 있고 하다보면 양산 승인 일정과 양산 일정이 맞지 않을 수도 있다. 이런 경우는 탄력적으로 대처할 수 밖에 없다. 제품 출시 일정이 화급하면 사후 승인 조건으로 양산하는 경우도 있다.

 ## OEM vs. ODM

제품을 생산, 타사 브랜드로 판매 시 대표적인 방법은 OEM과 ODM 이 있다.

■ **OEM**(Original Equipment Manufacturing, 주문자상표 부착 생산 방식)

주문자가 요구하는 상표명으로 부품이나 완제품을 생산하는 방식.
OEM 수출은 상품 가격을 높게 받지 못할 뿐만 아니라 주문자, 즉 상표권자의 하청생산 기지 이상의 기능을 하기는 어렵다는 단점이 있다. 장점은 연구 개발, 설계, 디자인 등에 따른선 투자비용이 없다.

■ **ODM**(Original Development Manufacturing, 제조업자 개발 생산 방식)

제품의 디자인부터 개발, 생산 등 전 과정을 제조사가 맡는 방식.
제품에는 주문자의 상표가 붙지만 제조는 물론, 연구 개발/설계/디자인은 모두 생산자 (제조사)가 맡게 된다. 주로 제품 개발력 및 자금력은 있으나 마케팅 능력이 부족한 기업 들이 자주 찾는 방식이다.

02
Production

 ## History Report(이력관리서)

이력 관리란 말 그대로 개인 인적 사항을 보여주는 이력서와 같이, 품질/제품/금형 등등의 탄생/수정/불량 발생/대처 등등의 일련의 역사를 관리한다는 것이다. 예를 들면, 언제 어떠한 불량이 발생하여 어떻게 조처하였고, 그 이후 어떤 상황이 전개되었는지를 보여준다. 축산물 이력 관리와 유사한 것으로 생각하면 된다. 이러한 이력 관리서를 보면, 회사의 실력이 있는지 회사의 품질 관리는 어떤지, 향후 비젼은 있는지를 알 수 있다.

 ## Production Capacity(생산능력) vs. Production Quantity(생산량)

Production capacity is the volume of products that can be generated by a production plant or enterprise in a given period by using current resources. Production quantity is what was actually produced.

생산 능력(production capacity)은 공장을 완전 가동할 경우의 생산량(production quantity)을 의미한다. 생산량은 실제 생산하는 수량을 말한다. 이 두 가지의 경우 모두, 생산품의 얼마가 양품인지 불량품인지 알 수 없다.

 ## Operation/Running Ratio(공장가동률) vs. 생산수율(Yield Rate)

생산능력(production capacity)에서 생산량(production quantity)의 비율이 공장 가동률(operation/running ratio)이다.
- 공장 가동률 = 생산량/생산 능력 × 100
  또한 생산한다고 해서 모두 양품일 수는 없다. 제품을 만들다 보면 양품도 있고 불량품도 발생한다. 생산량에서 양품이 나오는 비율이 생산 수율(yield rate)이다.
- 생산 수율 = 양품 수량/생산 수량 × 100

Defective Ratio(불량률) vs. Yield Rate(생산수율)

수율(yield rate)이란 생산관리 투입량 대비 양품 비율을 의미한다. 예를 들어, 100개를 생산하고 불량이 5개라면 양품이 95개인 바, 수율은 95%가 되며, 불량률은 5%가 된다. 즉, 불량률이 낮다는 것은 생산 수율이 높다는 것을 의미한다. 각 업체의 품질 수준은 수율만 파악해도 어느 정도의 감이 잡힌다.

- 불량률(%) = 100 - 생산 수율(%)

Royalty(기술사용료)

A royalty is a legally-binding payment made to an individual, for the ongoing use of his or her originally-created assets, including copyrighted works, franchises, and natural resources.

특허권, 저작권 또는 산업재산권의 사용료를 일컫는 말로 흔히 외국으로부터 기술에 관한 권리를 도입한 후 그 권리의 사용에 따른 대가를 지불한 것을 가리킨다. 특허권, 저작권, 상표권, 도면, 의장, 필름 및 테이프, 저작권의 인세나 연극, 예술 작품의 상연료, 광산, 광구의 사용료 등에도 쓰인다.

- Fixed Royalty 는 일반적으로 정액을 지급
- Running Royalty(경상기술료, 계속 실시료)는 매출액의 일정비율을 지급하는 것으로 되나, 계약 시 혼합된 방법으로도 할 수 있다.

➡ 처음에 지급하는 대가를 upfront fee(선불수수료) 라고 한다.
일반적으로 royalty 관련 계약은 upfront fee 얼마, running royalty 얼마로 하는 것이 보편화되어 있다.

Chapter VIII

영문 계약서

MBA English - *Basics*
Global 경영·금융·증권·회계·외환·무역·마케팅 용어집

01
Structure of Contract(계약의 구조/골격)

한국어 계약서도 마찬가지만, 모든 계약서에는 poisonous clause(독소조항)이 숨어 있을 수 있다. 확연히 나타나 있는 poisonous clause도 있지만, 몇가지 조항을 연계시킬 때 독이 되는 조항들이 있는 바, 이를 조심하여야 한다.

계약을 체결할 때는 핵심 사안을 먼저 협의 확정하여야 한다. 계약서의 각 조항은 상호 연결되어 있는 내용이 다수 있으므로 핵심사안 확정없이 전체 계약서를 계속 검토하면 수정 내용만 늘어날 것인 바, 시간 낭비이다. 핵심사안이 확정되면 부수 조건들은 기계적으로 신속히 작성 가능하다.

각 사업마다 핵심 사안이 조금씩 상이할 수 있으나, 계약의 기본은 「무엇을 주고 무엇을 얻을 것인가?」이다. 즉, 「책임과 의무는 무엇이고 권리와 이득은 무엇인가?」 이다. 여기에 대한 trade-off*만 합의되면 계약은 완성되는 것이다.

　* a situation in which you balance two opposing situations or qualities.
　　a situation in which you accept something bad in order to have something good.

핵심 사안을 몇 가지 들면

- 제품/사양/품질/하자보증
- 가격
- 납기
- 계약 기간
- 독점권 유무
- 로열티 (기술이전계약, 합작투자등)
- 책임 vs. 불가항력
- 기타

02
계약 관련 상용 문구

 Agreement(계약, contract)

- 계약에 서명하다: sign the agreement
- 계약을 체결하다: enter into the agreement, close/make/reach the agreement
- 계약을 연장하다: extend/renew the agreement
- 계약을 파기하다: break/repudiate/breach a contract
- 계약을 일방적으로 파기하다: unilaterally breach the contract
- X년 계약: X-year contract (예; seven-year contract)
- 임대계약: lease/rental agreement
- 고용계약: employment agreement

 Agreement vs. MOU(memorandum of understanding)

계약은 agreement, contract 등이라 하며 법적인 책임과 의무가 있다.

MOU(memorandum of understanding)는 양해각서 라고 하며, 일반적으로 정식 계약 전의 단계이며, 그냥 그런 의사가 있다는 것을 표명한 것이다. MOU는 계약서와 달리 법적 구속력이 없다. 한마디로 말해, MOU는 계약으로 이어 질 수도 있고 이어지지 않을 수도 있다. ☞ MOU는 주가조작에 악용되는 경우가 있다.

 Appendix(본문 끝에 덧붙이는 기록, 부록)

a separate part at the end of a book, report, legal document, and so on which gives extra information

Arbitration(조정, 중재)

the process of solving an argument between people by helping them to agree to an acceptable solution:

 Article(계약서의 몇 조, 조항)

a separate part in a written document such as a legal agreement

 Clause(조항, 항목)

a particular part of a written legal document, for example a law or a contract
➡ add/amend/remove/include a clause: 조항 추가/수정/삭제/포함

 Conflict of interest(이해의 상충)

inconsistency between the interests of a person, such as a public official, which arises in connection of the performance of his duties.

➡ 공익과 사익의 상충. 사회는 구성원들이 서로의 이익을 위해 구성한 협력체이지만 그 구성원들은 서로 이해관계가 충돌하는 경우도 있다. 사회는 이런 이해관계의 상충을 조정하고 제한하는 역할을 하고 있다.

➡ 자본시장법은 이해의 상충에 대해 엄격한 잣대를 적용하여 투자자를 보호 노력한다.

 Fine Print(작은 활자, 작게 쓴 약관등)

text in a formal agreement that is printed smaller than the rest of the text, sometimes in the hope that it will not be noticed
➡ 계약서상에 다른 글자보다 작게 인쇄된 내용

Force Majeure(Act of God, 불가항력)

an unforeseeable event such as a flood, earthquake, war etc used as an excuse for not fulfilling a contract agreement

예측할 수 없는 불가피한 경우로 면책사유가 된다.

 ## Frame Contract(기본계약)

A non-legally binding agreement between two parties setting out their intention to agree on the precise delivery schedule and pricing terms in the future with respect to the supply and delivery of specified goods.

예를 들면, 「향후 5년간 1년에 몇 ton씩 구매하겠다.」라는 기본 계약이며, 연간 단위로 물량/가격/납기들을 확정하는 것이다. 이 경우, 어떤 중요한 사항, 예를 들어, 가격 합의가 이루어지지 않으면 계약이 성사되지 않는 것이다. 즉, frame contract 는 법적 책임과 구속력이 없다. 주로 원자재 공급/구매 계약은 장기간의 frame contract를 먼저 체결하는 것이 일반적이다. 일종의 공급자/수요자 상호 우선 협상 대상자의 지위 정도로 간주하면 된다.

 ## Material Breach(중대한 위반)

Material breach is a contract law term which refers to a failure of performance under the contract which is significant enough to give the aggrieved party the right to sue for breach of contract.

계약을 크게 위반하는 것을 「material* breach of contract」라고 하며, 국가 간의 조약을 크게 위반하는 것은 「material breach of treaty」라고 하며, 여기에 해당되는 사안이 발생되면 보통 계약이 파기되는 것으로 계약서 작성한다.

 * 한국인이 자주 사용하는 material은 명사의 뜻인 「물질, 직물」등의 의미이나, material이 형용사로 사용될 경우, 「중요한」의 의미이며, material breach는 계약서의 작성의 아주 중요한 상용 문구이다.

 ## Negotiate(협상하다)

to have formal discussions with someone in order to reach an agreement

Non-competition(동종 품목/업종 경쟁 금지, 동종 업종 취업 금지)

In contract law, a non-compete clause(often NCC), or covenant not to compete (CNC), is a clause under which one party(usually an employee) agrees not to enter into or start a similar profession or trade in competition against another party (usually the employer). Some courts refer to these as 「restrictive covenants.」

계약에서 자주 사용하는 말로써, 경쟁 관계에 있는 품목을 팔거나, 회사에 경쟁되는 일은 못한다는 것이다. 예를 들어 외국 회사에 독점권을 부여하였는데, 그 독점권을 받은 회사가 독점권 공여 업체와 경쟁 관계에 있는 물품을 같이 판매한다면 이는 독점권 공급 업체에 손실을 끼치게 되는 것 인 바, 이런 상황을 방지하고자 하는 것이다.

또한, 고용 계약서에도 자주 사용되는 표현인데, 고용인이 회사를 그만 둘 경우, 몇 년간은 그 회사에서 배운 지식을 갖고 그 회사에 이익에 위배되는 사업은 하지 못 한다는 의미로 사용된다. 즉, 동종 업종에서 경쟁하지 않는다는 것임. 일반적으로 임원급 이상의 인사나 연구원들에게만 적용되며, 각 나라마다 경쟁 금지 기간이 상이하다.

 ## null and void(무효의, 효력이 없다)

invalid; without legal force; not binding

 ## on behalf of(representing, ~를 대표하여)

On behalf of the company, I would like to thank you for all your work.

 ## party(당사자)

the person or persons forming one side of a contract

 ## stipulate(규정하다, 명기하다)

to specify as an essential condition

subject to ~ (~에 달려 있다, ~에 의해 결정된다)

무역 서신에서 자주 사용되며, 계약서에도 자주 사용된다. 일반적으로 앞 문장이 있고, 뒤에 subject to~라고 나오는데, subject to 이하의 내용에 따라 앞의 문장의 내용이 결정되는 것인 바, subject to 이하의 내용에 신경을 써야 한다. 예를 들어,

Our company is pleased to place an order with your prestigious company for 200 tons of PC for mobile phone housing, subject to the order quantity of service provider.

당사는 귀사에 핸드폰 케이스용 PC 200톤을 발주해서 기쁨. 이 발주는 통신 서비스업체의 핸드폰 발주 수량에 의해 최종 결정된다. 즉, 법적으로 얘기하면, 통신 서비스업체의 발주가 없다면 200 ton의 발주는 자동 취소되는 것으로 된다. 즉, 조건부 발주인 것이다. 하지만, 납품 업자의 입장에서는 이 조건부의 PO를 받는 것과 못 받는 것은 큰 차이가 있는 바, 이런 PO라도 받아 두는 것이 훨씬 좋다.

 warrant

guarantee, give formal assurance
보장하다, 장담하다, 영장

- search warrant 수색영장, arrest warrant 체포 영장,
  warrant for search and seizure 압수수색영장

 whereas (반면에, while, on the other hand)

it being the case that; in view of the fact that~

➡ Shipment is covered in article 7 whereas quality control is defined in article 17.
선적은 7조에 명기되어 있는 반면에 품질관리는 17조에 명기되어 있다.

Chapter Ⅸ

미국 Boston 생활 가이드

MBA English - *Basics*
Global 경영·금융·증권·회계·외환·무역·마케팅 용어집

01
미국 알기

미국은 축복받은 나라이다. 천연자원이 풍부하고 면적이 넓고 인구가 많아 무역을 하지 않아도 자급자족이 가능한 나라이다. 미국에 대해 간략히 정리하면 다음과 같다.

- The great country, Land of Opportunity, Melting Pot
  - ➡ 인구 대국(3억 5천만). melting pot(다양한 민족의 나라), 세계 3위의 면적

- 세계 최고의 경제 대국, 자유 시장 경제
  - ➡ 세계 GNP의 약 1/4의 경제 규모, 세계 1위 기축통화국, 금융 세계 1위, Software 세계 1위, 통신 기술/부품 세계 1위, 천연자원 대국, 세계 최대의 산유국(The Shale Revolution)

- 세계 최고의 국방력

- 세계최고의 자유민주주의 국가
  - ☞ 확실한 삼권분립(행정권, 입법권, 사법권)

- 대통령 임기 4년, 연임제＊
  - ＊ 대통령 단임제는 단 한 번만 취임하는 것이며, 연임제는 연속해서만 취임할 수 있는 것, 중임제는 횟수에 상관없이 거듭해서 선거에 나와 대통령직을 수행할 수 있는 제도를 말한다.

- 국회 양원제 - 상원(senate), 하원(house)
  - ➡ 상원은 각 주에서 2명, 총 100명으로 임기 6년이다. 국제적 외교문제 와 고위관료/공무원 임명권, 탄핵심판권을 가진다. 하원이 만든 법령을 심의하고 결정하는 권한이 있다.
  - ➡ 하원은 총 435석으로 인구 비례하여 2년 임기로 선출된다. 예산 법안을 심리하는 권한 및 대통령 탄핵소추권을 가지며, 입법권을 가진다.

※ The Shale Revolution - 미국의 경제 외교 정책의 변화

Shale은 퇴적암의 일종이며, shale gas는 이 퇴적암층에 스며있는 천연가스를 뜻하며, shale 오일은 이 퇴적암층에 스며있는 원유를 의미한다. Shale gas, shale oil은 미국, 캐나다, 멕시코, 브라질, 칠레, 아르헨티나등 아메리카 대륙에서 산재되어 있으며, 2014년부터 미국을 중심으로 활발히 개발되고 있다.

미국의 shale oil 주산지는 텍사스와 애팔라치아 산맥 일대이다. 미국은 기술개발[*] 덕분으로 shale oil을 경제성 있게 산출하게 되었으며, 2018년 이후 사우디아라비아를 추월, 세계 최대의 산유국[**]이 되었으며, 석유수출국이 되었다. 2019년 가을 현재 미국은 100년을 사용할 수 있는 shale oil 이 미국에 산재되어 있는 것으로 추정하고 있으나, 향후 더 많은 shale oil 층이 발견되고 기술개발로 훨씬 더 많은 양의 shale oil 추출이 가능할 것으로 기대하고 있다,

미국이 그간 세계 경찰 역할을 한 사유중의 하나는 중동으로부터의 석유 수입을 안전하게 하려는 것이었으나, 2019년 현재, 미국은 미국에서 산출하는 shale oil 만으로도 미국내 석유 수요를 해결하고, 세계 최대의 석유 산유국으로 되었으며, 석유수입국에서 석유수출국이 되어 중동의 석유가 필요 없게 된 바, 미국의 대외 경제 외교 정치는 상당한 변화가 예상된다. 즉, 석유의 자급자족이 가능해져 부족한 것이 없는, 명실공히 거의 모든 분야에서 세계 제 1의 국가가 된 바, 대외정책의 변화는 불가피할 것으로 예측된다. 즉, 「America First」 정책이 강화될 것으로 전망된다.

[*] 미국은 2014년 George P. Mitchell이 수년간 개발한 「수압파쇄공법」으로 경제성있게 shale gas/oil 추출에 성공하였다. 수압파쇄공법이란 지하에 파이프를 수직으로 박은 후, 여러 갈래의 수평 파이프를 통해 고압의 물을 분사해 셰일암석층을 파쇄하여 gas/oil을 추출하는 방법이다.

[**] 2018년 현재 세계 주요 산유국은 다음 표와 같으며, 전세계 산유량의 약 2/3를 차지한다. 미국에서 셰일 오일이 추출되기 전에는 세계 최대의 석유 수입국은 미국이었으나, 현재는 중국이 세계 최대의 석유 수입국이 되었다.

국가	미국	사우디	러시아	캐나다	이란	이라크	UAE	중국	쿠웨이트
비율(%)	16.2	13.0	12.1	5.5	5.0	4.9	4.2	4.0	3.2

하지만, 미국의 Shale gas/oil은 추출 비용이 사우디, 러시아의 추출 비용보다 몇 배나 높은 바, 유가 급락 시 미국의 Shale gas/oil 산출은 제약을 받기 쉽다. 물론, 이러한 사안은 기술개발로 비용절감이 이루어질 경우, 극복될 수도 있다. 2020년초 커로나바이러스 감염증(COVID-19)의 여파 및 사우디, 러시아 등의 원유 증산 전쟁은 원유 가격 폭락을 초래하였으며, 2020년 4월 현재 원유 가격의 폭락은 미국의 Shale gas/oil업체들의 생존을 위협하고 있다.

02
Boston 소개

New York에 인접(New York에서 비행기로 한시간, 자동차로 5~6시간)한 Boston은 영국의 청교도들이 미국으로 이주 시 처음 입항한 유서 깊은 도시로 Ivy League*가 밀집한 미국 교육의 중심지이다. Harvard, MIT등의 미국 대표 대학교들이 밀집해 있는 도시이며, 인구 85만명의 치안이 좋은 아주 아름답고 쾌적한 매력있는 도시이며, 매사츠세츠주(MA)의 주도(state city) 이다.

> * 아이비리그(Ivy League)는 미국 동북부에 있는 다음의 8개 명문 사립대를 지칭한다. Harvard University(1636년 설립), Yale University(1701년), University of Pennsylvania(1740년), Princeton University(1746년), Columbia University(1754년), Brown University(1764년), Dartmouth College(1769년), Cornell University(1865년)이다.

한국에서는 대한항공이 인천-보스톤 직항 취항하고 있다.** 비용적인 측면은 인천-New York-보스톤, 인천-Los Angeles-Boston, 인천-와싱톤 DC-Boston, 인천-시카고-Boston 등의 경로로 가는 것이 인천-보스톤 직항보다 훨씬 저렴할 수도 있다.

> ** 2019년 9월 기준인 바, 상황은 변동될 수 있다.

※ Boston 위치

출처: Google Map

03
Boston에서 집구하기

Boston 유학 시 거주 방법은 여러가지가 있다. 학교 기숙사 생활을 한다면 간단하나, 그게 아니고 본인이 집을 구한다면 몇 가지 방법이 있다. 기본적으로 한국과 비슷하다. 부동산중개업소를 통할 수도 있고 직접 아파트/콘도를 찾아가서 집을 구할 수도 있다.

경비를 절감하려면 보통 룸메이트 생활을 한다. 「Month to month 계약」이 가능한 경우가 많아 편리하다. Room을 google 검색어에 활용하면 찾기 수월하다. 검색어를 예를 들면,

- Boston roommate
- rooms for students in Boston
- rooms for rent in Boston
- room rent Boston

 A. 부동산 중개 Site 활용

이런 싸이트의 대부분은 broker's fee (부동산 중개수수료)를 tenant (임차인)에게 청구하지 않는 경우가 일반적이나, 각 site 마다 broker's fee를 누가 부담하는지를 미리 확인하는 것이 추후 논쟁의 소지가 없을 것이다. Boston의 중개 site를 몇 군데 소개하면 다음과 같다.

- zillow.com*
- student.com
- apartment.com
- 한인 싸이트
  * App 서비스도 제공되니 다운 받아 사용하면 편리하다.

B. 부동산 임대차 계약서의 주의 문구

미국은 한국과 달리, 전세라는 제도가 없으며, 월세의 구조로 임대차 계약한다. 유학을 가는 분들은 영어 계약서를 검토할 능력이 있을 것인 바, 임대차 계약서에서 한국인들이 익숙치 않은 사항만 정리하면 다음과 같다.

 ### 중개업소(realtor, broker)

부동산 중개업소는 realtor, broker 라는 말을 사용하는데, 일반적으로 LA, RA로 분류한다.

- LA는 listing agent의 약자로 rent 대상 부동산을 광고 게재하는 업자이자 집 주인(landlord)의 대리인 역할을 주로 한다.
- RA는 renting agent로 집을 구하는 사람, 즉 임차인(tenant)측 대리인으로 간주하면 된다.

 ### 중개업소 수수료

미국 집 rent 광고 문안에 자주 등장하는 문구,

"Incoming tenant to pay one month broker's fee split between LA and RA"

이 문장의 의미는, [집을 빌리는 임차인이 부동산 중개 수수료(broker's fee)로 임차료 한달 치를 지불하며, LA(listing agent)와 RA(renting agent)가 분배한다.] 라는 의미이다.

 ### Move-in fee vs. Move-out fee

Move-in fee는 이사 들어올 때 부담하는 금액이며, Move-out fee는 이사 나갈 때 부담하는 일정금액인데, move-in fee 만 청구하는 것이 일반적이나, move-out fee를 청구하는 경우도 있다.

Security Deposit

집 임차시 임차인의 사용상 주의 의무에 대한 하자 보증금으로 move-in 상태와 move-out 상태가 동일하지 않으면 move-out 할 때 하자 수리비를 이 보증금에서 차감한다.

 ## Last month fee reqd*

Tenant(임차인)가 소득이 있고, 일정 기준에 부합 될 경우, 일반적으로 『12개월 계약, 1개월 치 보증금 예치, 월세 매달 선불, brokers fee로 1개월치 월세』의 구조로 계약되나, 이 구조 에 last month 월세를 선지불 요구하는 경우도 있다.

  * reqd = required

 ## Rent Fee vs. Utilities

렌트피에 utilities(전기/가스/수도 등의 비용)의 포함 여부를 확인하는 것이 추후 논쟁의 소지 가 없다. Boston은 눈이 많이 오는 도시인 바, 「눈 치우는 비용」에 대한 언급도 계약서에 명 기되는 것이 보편적이다.

Rent fee includes: Water, Sewerage Disposal, Refuse Removal, Snow Removal
☞ 렌트피에 수도/하수물 및 쓰레기 처리/눈 치우는 비용이 포함됨.

 ## Fan의 작동 상태 vs. 고기를 구워 먹을 수 있는지?

미국 아파트/연립의 경우, 집에서 고기를 구워 먹는 것은 한국에서 고기 구워 먹는 것과는 상황이 다르다. 집에서 고기를 구워 먹으려면, 임차하는 집의 부엌 fan 상태를 반드시 확인 한 다음에 결정하여야 한다.
➡ 고기 구울 때 나는 연기가 배출이 잘되지 않으면, 소방차가 즉시 출동하며, 이 경우 소방 차 출동비용을 지불하여야 되는 바, 주의 요함.

C. 방의 종류

독립된 아파트를 전용 rent하는 것이 편할 것이나, 비용 문제로 그렇지 못할 경우, 타인과 같이 사용하여야 한다. 일반적으로 다음과 같이 분류되나, 지역에 따라 용어의 의미가 상이할 수 있는 바, 각 용어에 따른 내용은 반드시 짚고 넘어가야 한다.

종류	내 용	비 고
One bedroom (apartment)	침실 하나, 거실하나, 욕실하나, 주방	한국의 소형 아파트
Studio	트인 방 하나에 침실/거실/욕실/주방이 설치되어 있음	한국의 원룸
Bed room en suite	방에 욕실이 딸려 있어, 방과 욕실을 독립적으로 사용	
Bed room (private room)	방에 욕실이 딸려 있지 않아 욕실은 공동 사용	shared bathroom/toilet
Shared room	방을 타인과 같이 사용. 침대는 독립적으로 사용	2층 침대일 경우도 있음

만약 학교에 dormitory (기숙사)가 있다면 dormitory를 활용하는 것이 저렴할 것이다. 어째든 rent비와 편리성은 비례한다고 간주하면 된다.

상기 정보는 일반적인 것인 바, 충분한 시간을 가지고, 현장 방문하여 본인이 기대한 것과 어느 정도 일치하는지 확인해 볼 필요가 있다. 또한, 본인 차량을 이용할 경우, 대중 교통을 이용할 경우 등을 따져 직접 교통 상황을 확인해 볼 필요도 있다.

■ Furnished vs. Unfurnished

집에 대한 확신이 있고, 1년이상 장기 체류한다면, 가구를 직접 채워 넣는 것이 비용 절감될 수도 있다. Furnished는 가구가 비치되어 있는 것이며, unfurnished 는 가구가 비치되어 있지 않아, 임차인이 해결하여야 한다.*

---

* 구글맵을 이용하면, 특정 시간대의 교통량을 파악할 수 있다. 대중교통 이용시, 간격, 거리, 시간 등을 계산해 볼 수 있다.

04
Boston의 추천 지역*

입학하려고 하는 대학의 기숙사에 주거하는 것이 아니라면, 개인적으로는 아래 지역이 어떨까 한다. 물론 입학할 학교와의 교통/거리는 고려되어야 한다. 보스턴의 명물인 Quincy Market, Union Oyster House, Neptune Oyster등과 가깝고, 바다에 인접하고, 이태리 식당 거리와 붙어있는 Widget Street 가 교통 좋고 미국적인 생활에 향유하기 좋은 장소 중의 하나로 생각된다.

출처: Google Map

또한, 대학 밀집 지역인 Cambridge 지역에 거주하는 것도 미국 생활의 진수를 맛볼 수 있을 것으로 생각된다.

출처: Google Map

* Boston에 Casino도 있는 바, 상세한 내용은 Encore Hotel 홈페이지에서 파악 가능하다. Shuttle boat를 타고 Encore Hotel을 방문하는 것은 참으로 운치가 있다. Encore Hotel: https://www.encorebostonharbor.com/casino.

05
Car Rental - JFK Airport에서 Boston

비용을 절감하기 위해 인천-보스톤 직항편을 이용하지 못하고, 인천-NY-보스톤으로 갈 경우, 짐이 많다면, JFK airport에서 Boston Rogan Airport*까지 비행기를 탈 경우, luggage 비용이 상당할 수 있다. 이 경우, JFK Airport에서 car를 rent**하여 Boston으로 갈 수 있다.

  * Boston 시내 인근에 있어 편리하다.
  ** Car rental 관련 내용은 2019년 8월 기준인 바, 상황은 항상 update 시켜 확인할 필요가 있다.

미국에서 도로에 turnpike 라는 단어를 가끔 볼 수 있다. 미국은 기본적으로 고속도로 통행료가 무료인데, 간혹 통행료를 받는 도로가 있다. 이 유료 고속도로를 turnpike 라 한다. Turnpike toll 하면 유료고속도로 통행료이다.

미국에서의 car rental은 기본적으로 한국에서 자동차 렌트하는 방법과 동일하나, 미국에서 car rental시 몇 가지 주의할 사항이 있다.

📈 EZ Pass

미국에서 Car rental 시, 렌트 회사에서 EZ Pass(한국의 하이페스)를 사용할 것이냐 toll 피를 카 렌트하는 사람이 낼 것인가를 묻는다. EZ Pass에 가입하면 하루 일정 비용을 렌트가 회사에서 charge 하는데, 일반적으로 미국의 고속도로는 무료이다. 주 경계가 변경될 때 toll 비를 징수하는데 얼마 되지 않는다. 뉴욕 JFK 공항에서 자동차 rent하여 고속도로로 보스톤까지 가는데 toll 비는 한 번에 $1.50(2018년 기준) 밖에 되지 않는다. 즉, JFK 공황에서 rent하여 보스톤을 간다면 EZ Pass를 가입하지 않는 것이 비용 절감된다.

📈 One way charge

뉴욕 JFK 공항에서 자동차를 렌트하여 보스톤에서 자동차를 반납한다면 렌트 카 회사는 그 차를 JFK 공항까지 이동하여야 되는 비용이 발생 된다. One way charge는 이에 대한 charge 를 하는 것이며, 일반적으로 $55 정도하나 이는 각 렌트카 회사마다 상이할 수 도 있다.

 **Gas**

Gas에 대한 옵션은 렌트카 회사마다 상이하나, 대표적인 옵션은 다음 두가지인 바, 본인의 상황과 가치에 따라 합리적 선택을 하면 된다.

- 차량 반납시, 차량을 인수한 시점의 연료량만큼 주유하여 반납한다.
- 주유하지 않고 반납하며, 렌트카 회사 기준의 gas비를 지불한다.

 JFK 공항 터미널의 Car Rental

미국의 대표적인 렌트 카 회사들은, Herz, Avis, Budget, Enterprise, Thrifty, Dollars 등등으로 JFK 공항 인근에 모여 있다. 대한항공과 아시아나 모두 JFK 공항 Terminal 4에 기착하는데, 거기서 공항 순환 train* line중 Jamaica Station Train이나 Howard Beach Train을 타고, 4번째 정류장**인 Federal Circle Station 역에 하차하면 렌트카 업체들을 찾을 수 있다.

> * air train 이라고 함.
> ** Terminal 8역 다음 역으로 종점이다.

- Air train 공항내 순환은 무료이다.
- Air train에는 cart를 갖고 승차할 수 있다.
- 공항 순환 train line 중 All Terminal Train은 Federal Circle Station에 가지 않고, 터미널만 순환한다.

06
Amtrack: New York에서 Boston

JFK Airport에 도착 후 Boston 까지 기차(Amtrack)로 이동 할 수 있다. 이동 경로는 air train으로 Jamaica Station에 내려, 지하철로 Penn Station으로 가서 Boston가는 Amtrack을 타야 한다. 이 경우, Penn Station의 Luggage Storage에 짐을 맡긴 후 New York 구경을 한 후, Boston으로 이동할 수도 있다.

미국 여행을 하다보면 짐이 문제 될 수 있는 바, 이때 Penn Station에 있는 Luggage Storage를 활용하면 편리하다. 예를 들어, 보스톤- 뉴욕 -인천의 일정일 경우, 아침에 New York, Penn station에 도착, 몇 시간 맨해튼 관광 후, Penn Station에 짐을 찾아 지하철로 Jamaica역으로 가서 JFK 공항 순환 기차를 타고 JFK공항으로 가서 밤 비행기를 타는 방법도 아주 경제적이다.

2018년말 기준으로, Amtrack ticket이 있으면 luggage 하루 보관에 개당 $10, ticket이 없으면 개당 $20 이다. 현금으로만 계산할 수 있으며, business hour(영업시간)는 05:30~21:30 이다.

출처: https://www.amtrak.com/take-the-train-new-york-to-boston

Chapter X
술 이야기

MBA English - *Basics*
Global 경영·금융·증권·회계·외환·무역·마케팅 용어집

01. Beer

맥주는 수천 년간 맥아를 빻아 빵을 만들고, 여기에 물을 부어 반죽해 발효시키는 방법으로 제조했다. 10세기를 전후해 독일에서 맥주에 홉을 넣기시작했다.

중세의 맥주는 지역마다 사용하는 보리의 종류가 상이하고 제조법도 약간 차이가 있어 맛과 향이 천차만별이었다. 이에 독일의 빌헬름 4세는 1516년 맥주는 보리/홉/효모/물이외의 어떤 것도 넣어서는 안 된다는 맥주 순수령을 공포했다. 본 맥주 순수령은 지속적인 효력을 발휘, 다른 술들과는 달리 세계 어디를 가든 맥주 맛은 비슷하다.

세계의 주요 맥주 브랜드를 보면,

- 미국: Budwiser, Bud lite, Miller Lite
- 벨기에: Hoegaarden, Stella Artois
- 멕시코: Corona, Coors
- 독일: Becks, Paulaner
- 필리핀: San Miguel
- 중국: Qingdao
- 네덜란드: Heineken
- 아일랜드: Guinnes
- 브라질: Skol, Brahma
- 일본: Asahi, Sapporo
- 인도: King Fisher
- 북한: 대동강 맥주, 흑맥주(생맥주)

맥주는 발효 온도에 따라 Ale과 Lager로 분류된다. Ale은 15~21℃에서 효모가 발효되는 상면 발효 맥주이고, Lager는 7~12℃에서 효모가 발효되는 하면 발효 맥주이다. 상면 발효 맥주는 저장 기간이 4~6일이고, 하면 발효 맥주는 8~10일이다. 대부분의 맥주는 하면 발효 맥주이다.

중국 청도에서는 매년 8월 중순 칭따오 맥주 박람회가 개최된다. 세계 유수 맥주 시음과 칭따오 맥주 공장 견학도 가능한 바, 가볼만한 하다.

> ※ 기네스 북(Guiness Book)
> 아일랜드 맥주 회사인 기네스에서 만든 책으로, 기네스의 임원이 새 사냥 대회에서 유럽에서 어느 새가 가장 빠른지를 논쟁하다, 각 분야의 세계 최고에 대한 기록을 담은 책을 발간하게 되어 오늘날까지 지속되고 있다.

02. Whisky

위스키는 스코틀랜드 고지대에서 살고있는 켈트족의 말로써 생명의 물을 뜻하는 위스게 바하에서 왔다고 한다. 그중 스카치 위스키는 대영제국이 과도한 주세를 부과하자, 스코틀 랜드 위스키 제조업자들이 산속으로 피신하여 밀주를 제조해 오크통에 숨겼는데 습도가 높은 스코틀랜드의 공기가 오크통을 통해 위스키와 어울리면서 신비한 맛이 생성되었다고 한다.

위스키는 malt(맥아)를 원료로 하는 몰트 위스키와 보리/옥수수를 증류하여 만드는 grain(곡물) 위스키가 있다. 이 두 가지를 섞는 기술을 blending 기술이라고 하며, 섞어 만 든 위스키를 블랜디드(blended) 위스키라고 한다. 한국 사람이 가장 좋아하는 위스키의 대 부분이 블랜디드 위스키이다.

생산지에 따른 위스키의 분류는,

- 스카치 위스키: 스코틀랜의 술로 발레타인, 시바스 리갈, 조니 워커등이 블렌디드 위스 키이며, 그랜피딕은 몰트위스키이다.

- 아이리쉬 위스키: 제임슨, 존파워, 올드 부시월드

- 테네시 위스키: 미국 테네시 지방에서 만드는 위스키로 잭 다니엘이 유명

- 버번 위스키: 미국 켄터키주의 버번 카운티에서 만드는 술로 짐빔, 와일드 터키등이 있다.

- 라이 위스키: 미국의 대표적 위스키로 워싱턴, 제퍼슨 대통령등이 증류소를 운영하기도 했다.

- 캐나다: 크라운 로얄

- 일본: 산토르 위스키 등이 있다.

위스키의 가격은 오크통에서의 숙성 기간이 길수록 고가이다. 스카치 위스키가 대표적인 고가 위스키이며, 기타 국가에서 생산되는 위스키의 대부분은 일반인들이 쉽게 접근할 수 있는 가격대의 대중적인 위스키이다.

03. Brandy, Cognac, Wine

브랜디는 포도의 발효액을 증류하여 만든 알코올 40% 이상의 술로써 식후에 마시는 양주 가운데 최고의 하나로 인정받는다. 브랜디는 맛과 향을 즐기는 술이며 잔을 가볍게 흔들면서 조금씩 음미하면서 마시는 술인 바, 물이나 얼음은 타지 않은 것이 좋다.

브랜디를 일반 증류주로써 본격 상업화하여 생산하게 된 것은 17세기 프랑스 서남부 코냑 지방이 시초였다. 때문에 코냑 지방 6개 지구에서 생산되는 브랜디 만을 코냑이라고 제도화 했으며, 오늘날 코냑이 브랜디의 제왕으로 불리면 최고급 브랜디를 상징하는 대명사가 되었다.

세계적으로 인정받은 대표적인 브랜디는 프라핀 엑스트라, 폴리냑 70년, 카뮤 드 래디션, 헤네시 리차드, 레미마틴 루이 13세, 고띠에를 르네상스, 피에르페랑등이 있다.

코냑은 프랑스 코냑 지방에서 생산되는 브랜디의 고유 명사이다. 브랜디는 숙성 기간에 따라 구분하여 표시하며, 법적으로 규정된 것은 아니고 각 제조회사의 관습이다.

알파벳으로 구분하면 C 코냑, E(especially 특히), F(fine 좋음), O(old 오랜), P(pale 맑음), S(superior 뛰어남), V(very 매우), X(extra 최고급)이다.

숙성 기간별로 구분하면 쓰리스타(5년), VO(10년), VSO(15~20년), VSOP(20~30년), XO(40~50년), EXTRA(70년이상)이다.

포도주는 포도를 으깨어 발효시켜 제조하는데 적 포도주와 백 포도주로 대별된다. 적 포도주는 포도 껍질 그대로 으깨서 발효 제조하며, 백 포도주는 껍질을 제거한 후 으깨서 발효시켜 제조한다. 적포도주는 육류에 제격이며 백포도주는 생선에 제격이다.

포도주의 본 고장은 프랑스이며 세계 최고 품질의 포도주를 자랑한다. 이태리, 스페인, 포르투갈, 독일, 칠레, 미국 등도 주요 생산국이다.

04. 중국의 8대 명주

세계 경제대국인 중국의 술에 대해 어느 정도 알고 있는 것이 비즈니스에 도움이 되는 바, 중국의 명주에 대해 알아보자.

중국 술의 기본은 고량주이다. 고량주는 수수를 양조한 뒤 증류한 술로 무색 투명하여 일명 백주(白酒)라고 한다. 고량주는 항아리 속에서 숙성되기 때문에 기간이 길어도 색이 변하지 않는다. 또한 수수는 단백질 함유량이 적어 이를 원료로 만든 술들은 비교적 숙취(hangover)가 적다.

중국에는 증류주 공장만 수천 개에 달한다. 중국 정부는 1949년 이후 해마다 주류 품평회를 열어 우수한 술에 금장을 수여하기 시작했으며, 5년 연속 금장은 받은 중국 8대 명주가 탄생하게 되었다.

8대 명주는 마오타이, 우량예, 죽엽청주, 동주, 분주, 노주특곡, 양하주, 고정공주이나 한국인들이 잘 아는 것은 마오타이와 죽엽 청주이다.

8대 명주중에서도 으뜸으로 꼽히는 마오타이는 전통적인 고량주 제조법으로 빚은 술이다. 수수를 쪄서 밀기울을 만들고, 누룩에 버무려 9개월 발효시킨다. 그런 다음 증류해서 항아리에 담아 2~3년 숙성시킨다. 중국의 국빈주이다.

죽엽청주는 고량주에 여러 가지의 약재를 넣어 우려내고 당분을 첨가한 술이다.
8대 명주에는 포함되지 않지만 한국인에게 잘 알려진 공부가주는 공자마을을 부자가 되게 했다는 술로 중국의 주력 수출 백주(白酒)중의 하나이다. 8대 명주에 수정방과 주귀를 더해 중국 10대 명주라고 하기도 한다.

중국인의 주도는 한국의 주도와는 달리, 첨잔이 기본이다. 중국인에게 초대를 받으면 음식을 남기는 것이 잘 먹었다는 표시이다. 나온 음식을 다 먹으면 부족하다는 표시이다.

참고 문헌 및 Sites

- accountingtools.com
- businessdictionary,com
- dictionary.cambridge.org
- en.Wikipedia.org
- internationalcommercialterms.guru
- investinganswers.com
- investopedia.com
- merriam-webster.com
- New 경제용어 사전
- 김정호의 경제 TV (https://www.youtube.com/watch?v=aSpI6w9RlFs)
- 두산백과
- 매일 경제용어 사전
- 무역실무, 전순환 저, 한올출판사 (2012년 개정판)
- 시사 경제용어 사전
- 위키백과(kr.Wikipedia.org)
- 탄탄대로 대기업 영어, 장시혁 저, 한올출판사
- 탄탄대로 실전 비즈니스 무역영어 이메일 패턴집, 장시혁 저, 한올출판사
- 한경 경제용어 사전

MBA English - *Basics*
Global 경영·금융·증권·회계·외환·무역·마케팅 용어집

초판 1쇄 발행   2020년 6월 10일

지은이   장시혁
펴낸이   임순재

펴낸곳   (주)한올출판사
등   록   제11-403호
주   소   서울시 마포구 모래내로 83(성산동 한올빌딩 3층)
전   화   (02) 376-4298(대표)
팩   스   (02) 302-8073
홈페이지   www.hanol.co.kr
e-메일   hanol@hanol.co.kr

ISBN   979-11-5685-895-9

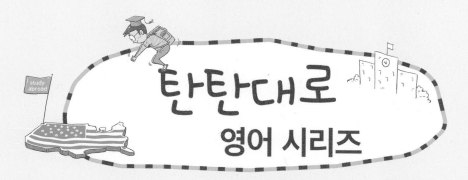

탄탄대로
영어 시리즈

탄탄대로
실전 비즈니스·무역영어 이메일 패턴집

- 대상: 영어를 자주 사용하는 global businessman
- 비즈니스 무역 전반의 단문 위주 이메일
- 비즈니스 무역 실전 know-how 및 tip
- 100% 실전 영어

탄탄대로
대기업영어

- 대상: 고품격 영어가 필요한 global business 관련 부서
- English writing의 진수
- 비즈니스 무역 전반의 장문 서한
- 복잡한 상황의 실전 영어
- 비즈니스 무역 실전 know-how 및 tip
- 100% 실전 영어

탄탄대로
1000단어로 끝내는 실무 영어

- 대상: 영어를 가끔 사용하는 직장인
- 간단한 비즈니스 이메일

탄탄대로
TOEIC 비즈니스영어 5000

- 대상: 단어와 문장 작성 연습
- 주요 단어 및 문장

탄탄대로
꾸니 잉글리시 토익편

- 대상: 군인
- 쉬운 토익 영어

탄탄대로
꾸니 잉글리시 실용 회화편

- 대상: 군인, 일반인, 영어 초보자
- 쉬운 영어 회화